簡牘學與出土文獻研究

第三輯

劉釗 李守奎 主編

洪帥 執行主編

西北師範大學文學院簡牘研究中心 主辦

商務印書館
创于1897 The Commercial Press

圖書在版編目(CIP)數據

簡牘學與出土文獻研究.第3輯/劉釗,李守奎主編;洪帥執行主編.—北京:商務印書館,2023(2025.4重印)
ISBN 978-7-100-23240-1

Ⅰ.①簡… Ⅱ.①劉… ②李… ③洪… Ⅲ.①簡(考古)—中國—文集 ②出土文物—文獻—中國—文集 Ⅳ.①K877.5-53 ②K877.04-53

中國國家版本館CIP數據核字(2023)第233880號

簡牘學與出土文獻研究(第三輯)
劉釗　李守奎　主編
洪帥　執行主編
西北師範大學文學院簡牘研究中心　主辦

商 務 印 書 館 出 版
(北京王府井大街36號　郵政編碼100710)
商 務 印 書 館 發 行
北京捷迅佳彩印刷有限公司印刷
ISBN 978-7-100-23240-1

2023年12月第1版　開本787×1092 1/16
2025年4月北京第2次印刷　印張10

定價:88.00元

顧問與編委會

目　　録

一粟居讀簡記（十五）

王　輝

提　要：本文是讀清華大學藏戰國楚簡《四告》《參不韋》《五紀》的九則札記，涉及字詞訓釋、通讀。如説“䓨香”應讀芸香；䚢爲䚢字異體，通旦；“昏㪍”讀爲昏暴；傎是傎之訛省，亦即蹎字；“好眔”讀爲好壞；“䂮士”讀孝士；䴬爲牙之異體；“天丁”指天人，“受命天丁辟子”指受天命之天子、嗣王，亦即周成王；“播䜴”讀爲播散；説“豨”應是豚字，在簡中讀爲循或遂，循法、遂古文從字順。

關鍵詞：清華簡　《四告》《參不韋》《五紀》　札記

一

清華楚簡《四告》簡1：“拜₌（拜手）䭫₌（稽首），者魯天尹咎（皋）繇（繇）配享兹䓨香〈香〉。”又簡38：“帝命北方死（尸）配鄉（享）兹䓨香。”影本注説䓨從香，云聲，疑是馨字異體。[1]今按上古音，云文部匣紐，馨耕部曉紐，曉匣同爲喉音，文耕兩部距離不是很遠，但傳世及出土文獻似未見云、殸旁字通用例，故䓨未必是馨字異體。馨香可指祭品黍稷，《左傳・僖公五年》：“若晉取虞，而明德以薦馨香，神其吐之乎？”放在簡文中也適合。但也未必不可用類似字代替。䓨可讀爲芸。芸爲香草名。《禮記・月令》：“（仲冬之月）芸始生。”鄭玄注：“芸，香草也。”也是菜名。《吕氏春秋・本味》：“陽華之芸，雲夢之芹。”高誘注：“芸，芳菜也，在吳越之間。”既是菜，自然可用來祭祀。芸香又爲香草名。晉成公綏《芸香賦》：“美芸香之修潔，稟陰陽之淑精。”後世説芸香能護書，使之不爲蟲蝕。戰國簡“芸香”的用法未必與後世同。

〔1〕 清華大學出土文獻研究與保護中心編，黄德寬主編：《清華大學藏戰國竹簡（拾）》，中西書局，2020年，下册第111頁。

二

清華楚簡《四告》簡1—2:“䡇隹（惟）之，又（有）殷競戕（蠢）不若,……”又簡6—7:“迺隹（惟）余䡇明孛（弼）保兹開（辟）王乳₌(孺子)，……”[1]影本注説䡇讀爲旦，即周公旦，極是。按旦與亶聲字通用。《説文》:“䩦，……古文作韇。”《集韻》:“坦，或爲壇。”包山楚簡175簡:“丙辰，遊宮坦倌黄贛。”何琳儀説“坦倌”即壇官。[2]疑䡇即軆字之異構。《玉篇·身部》:“軆，裸形也。”裸，不穿衣。《説文》:“袒，衣縫解也。”即脱衣露出上身。《禮記·曲禮上》:“冠毋免，勞毋袒。”《玉篇·衣部》:“袒，肉袒也。或作襢。”義亦相近。

三

清華楚簡《四告》簡2:“又（有）殷競戕（蠢）不若，偯䘮（失）天命，䎽（昏）𤿎天下。”影本注:“‘偯’字右上部分疑爲‘匄’，讀爲‘竭’。清華簡《厚父》第五至六簡:‘王廼渴（竭）䘮（失）其命，弗甬（用）其先斱（哲）王孔甲之典型。’《厚父》此句亦見於《書·君奭》,《漢書·王莽傳》亦有引用。從用字習慣和文意看，簡文都應讀爲‘竭失’。”[3]

按《尚書·君奭》:“惟人在我後嗣子孫，大弗克恭上下，遏佚前人光，在家不知。”《漢書·王莽傳》引《書》曰:“我嗣事子孫，大不克共上下，遏失前人光，在家不知。”遏的本義是阻止,《説文》:“遏，微止也。”引申指斷絶。《尚書·舜典》:“四海遏密八音。”孔氏傳:“遏，絶也。”《君奭》孔氏傳亦云:“惟衆人共存在我後嗣子孫，若大不能恭承天地，絶失先王光大之道，我老在家，則不得知。”《説文》:“竭，負舉也。”引申指窮盡。《國語·周語上》:“昔伊洛竭而夏亡。”韋昭注:“竭，盡也。”絶、盡義近，但從用字習慣和文意看，簡文宜讀作遏。雖然竭也可讀作遏，《淮南子·原道》:“凝竭而不流。”王念孫云:“竭之言遏也。”[4]漢桓寬《鹽鐵論·疾

---

〔1〕 清華大學出土文獻研究與保護中心編，黄德寬主編:《清華大學藏戰國竹簡（拾）》，下册第110頁。
〔2〕 何琳儀:《戰國古文字典》，中華書局，1998年，第1020頁。
〔3〕 清華大學出土文獻研究與保護中心编，黄德寬主編:《清華大學藏戰國竹簡（拾）》，下册第112頁。
〔4〕 宗福邦等:《故訓匯纂》，商務印書館，2004年，第1660頁引王念孫《讀書雜志》説。

貪》："猶水之赴下，不竭不止。"《厚父》簡渴亦應讀爲遏。

屯與敦通用。《詩·大雅·常武》："鋪敦淮濆。" 鄭玄箋："敦當作屯。" 偏旁戈、攴義近，在形聲字中作意旁用常可互換。如敵字小篆作𢿱，漢馬王堆帛書《老子》甲後古佚書作[illegible][1]；又如救字戰國文字或作[illegible]、[illegible]，或作[illegible]、[illegible][2]。故戕殆敦字異構。淳與蠢通用。《老子》："其民淳淳。" 遂州龍興觀碑淳作蠢。[3]

[illegible]字原作[illegible]，左旁與史墻盤"昊紹（照）亡（無）昊"昊字作[illegible]，毛公鼎"肆皇天亡斁"斁字作[illegible]近。"亡[illegible]""亡[illegible]"後字一般隸作昊或斁，讀爲"無斁"。《詩·周南·葛覃》："服之無斁。" 南宫乎鐘："兹鐘名曰無斁鐘。" 律名通作無射，或無斁。《説文》："斁，解也。从攴，睪聲。《詩》曰：'服之無斁。' 斁，厭也。" 睪與暴通用。《戰國策·魏策三》："戰勝睪子。"《史記·穰侯列傳》"睪子"作"暴子"。馬王堆漢帛書本《戰國縱横家書》作"暴子"。[4]簡文昏下一字應讀爲暴。昏暴，昏亂暴虐。《尚書·仲虺之誥》："殖有禮，覆昏暴。" 孔氏傳："有禮者封殖之，昏暴者覆亡之。" 睪與憂聲字未見通用之例。昏擾一詞出現較晚，意爲昏亂、心神不寧。《北齊書·廢帝紀》："文宣怒，親以馬鞭撞太子三下，由是氣悸語吃，精神時復昏擾。" 明李贄《解經文》："世間有一種不明自己心地者，以爲吾之真心如太虚空，無相可得，衹緣色想交雜，昏擾不寧，是以不空耳。" 比較而言，簡文讀作"昏暴"比較好。

四

清華楚簡《四告》簡 3："𢓍遯氒（厥）典，咸替百成。" 影本注"𢓍遯"讀爲"顛覆"，甚是。按𢓍字書未見。《正字通·人部》："傎，同顛。"《穀梁傳·僖公二十八年》："以爲晉文公之行事，爲已傎矣。" 晉范甯集解："以臣召君，傎倒上下。" 傎、𢓍一字異體。《説文》："顛，頂也。" 顛的本義爲頭頂。"顛覆"之顛是借字，其本字應作蹎。《説文》："蹎，跋也。从足，真聲。" 段玉裁注："經傳多叚顛字爲之。" 只是現在人們多用顛，少用蹎。足、辵、彳作形旁，在古文字中常可互換，如踐字小篆作𨂴，戰國文字或作[illegible]、[illegible]、[illegible][5]。所以𢓍即蹎。傎或是𢓍之訛省，或是其

[1] 漢語大字典字形組：《秦漢魏晉篆隸字形表》，四川辭書出版社，1985 年，第 216 頁。

[2] 李學勤主編：《字源》，天津古籍出版社，2012 年，第 256 頁。

[3] 高亨纂著，董治安整理：《古字通假會典》，齊魯書社，1989 年，第 130 頁。

[4] 同上書，第 891 頁。

[5] 李學勤主編：《字源》，第 150—151 頁。

異構。

遻字書亦未見。報與卜聲字通用。《禮記・喪服小記》："報葬者報虞，三月而後卒哭。"鄭玄注："報讀爲赴疾之赴。"走與辵、足作形旁可以换用。《説文》："趴，趣越皃。"段玉裁注："趴與赴音義略同。"故遻爲赴字異構。卜與包聲字通用。《説文》："鞄讀若樸。"包與孚聲字通用。《説文》："捊或作抱。"《楚辭・九歌》："揚枹兮拊鼓。"《考異》："枹一作桴。"孚與復通用。《周易・需》："有孚光。"马王堆帛书本《六十四卦》除兑卦九二之外皆作復。[1]

五

清華楚簡《四告》簡4："緣（肆）隹（唯）喬（驕）惷（縱）忘（荒）紿（殆），好罘同心同悳（德），暴虐（虐）從（縱）獄，盍盍争謂，登籲（聞）於天。"影本注："罘，讀爲'懷'，好懷同心同德，指拉幫結派。一説'罘'讀爲'瘝'，曠廢。《書・冏命》'非人其吉，惟貨其吉，若時瘝厥官'，蔡沈集傳：'言不於其人之善，而惟以貨賄爲善，則是曠厥官。'"又云："'盍'聲字與'藹'聲字相通，……藹藹，争怨的樣子。"[2]

按懷、瘝都以罘爲聲符，通用無問題，但如此讀，簡文似皆不可通。《説文》："懷，念思也。"引申有情意、心意義。《玉臺新詠・古诗爲焦仲卿妻作》："新婦謂府吏，感君區區懷。"好懷，好心情、好興致。晉陶潛《飲酒》詩之十："清晨聞叩門，倒裳往自開。問子爲誰歟，田父有好懷。"宋陳師道《絶句》之四："書當快意讀易盡，客有可人期不來。世事相逢每如此，好懷百歲幾回開！"簡文顯非此意。"好曠廢"同心同德，亦不辭。我疑罘可讀爲壞。"好壞"指好壞兩類人，他們拉幫結派，沆瀣一氣。《左傳・昭公二十四年》："《大誓》曰：'紂有億兆夷人，亦有離德；余有亂臣十人，同心同德。'"《尚書・泰誓中》："受有億兆夷人，離心離德；予有亂臣十人，同心同德。""夷人"或説是常人、凡人，或説是夷狄之人。"亂臣"或説是能治理國家之臣。"夷人"不全是壞人，但與"亂臣"（好臣）是兩類人，是可以肯定的。在《大誓》中"夷人"與"亂臣"不能同心同德，在簡文中好壞兩類人卻能"同心同德"，顯然是不正常的。

---

〔1〕王輝：《古文字通假字典》，中華書局，2008年，第223頁。

〔2〕清華大學出土文獻研究與保護中心編，黄德寬主編：《清華大學藏戰國竹簡（拾）》，下册第113頁。

盍可讀爲藹。《爾雅・釋訓》："藹藹、濟濟，止也。" 郭璞注："皆賢士盛多之容止。" 宋邢昺疏："《大雅・卷阿》：'藹藹王多吉士。'《小雅・楚茨》云：'濟濟蹌蹌。' 此皆王朝賢士盛多之容止也。"《説文》："藹，臣盡力之美。" 影本解藹藹爲"怨恨的樣子"，無據。疑盍可讀爲嗛或慊。上古音盍盍部匣紐，嗛、慊談部匣紐，三字雙聲，盍、談入陽對轉。《説文》："嗑讀若甲。" 甲與夾聲字通用。《爾雅・釋宫》："陜而修曲曰樓。" 釋文："陜或作狎。" 夾與兼聲字通用。《史記・孝文本紀》："天下人民未有嗛志。"《漢書・文帝紀》嗛作慝。《説文》："嗛，口有所銜也。" 段玉裁注："假借爲銜字。如《佞幸傳》：'太后由此嗛韓嫣' 是也。"《史記・外戚世家》："栗姬怒，不肯應，言不遜。景帝恚，心嗛之而未發也。" 司馬貞索隱："嗛音銜，銜謂恨也。"《宋書・劉秀之傳》："漢南法繁民嗛，屬佇良牧。"《説文》："慊，疑也。" 段玉裁注："今字多作嫌。" 引申指怨恨、不滿。《玉篇・心部》："慊，切齒恨也。"《廣韻・忝韻》："慊，慊恨。"《淮南子・齊俗》："衣若縣衰，而意不慊。" 高誘注："慊，恨。"《文選・魏文帝〈燕歌行〉》："慊慊思歸戀故鄉，何爲淹留寄他方。" 李善注："鄭玄《禮記》注曰：'慊，恨不滿之貌也。'"

諿字影本讀爲怨，無説。按肙與夗聲字通用。郭店楚簡《緇衣》簡8—9引《君牙》云："日昬（暑）雨，少（小）民隹（惟）日悁。晉冬旨（耆）滄，少（小）民亦隹（惟）日悁。"《尚書・君牙》："夏暑雨，小民惟曰怨咨。冬祁寒，小民亦惟曰怨咨。" 上博楚竹書《孔子詩論》簡3："多言難而悥退者也，衰矣少矣。" 悥亦讀怨。[1]

六

清華楚簡《四告》簡9—10："秡士弟男，夋（允）氒（厥）元良，以縛（傅）補（輔）王身。咸乍（作）左右叉（爪）鬟，甬（用）經緯大邦周。" 影本注："秡亦讀爲'效'，授官。《左傳》昭公二十六年'宣王有志，而後效官'，杜注：'效，授也。' 豑，《説文》：'爵之次第也。' 所引《虞書》'平豑東作'，今本《書・堯典》作'平秩東作'。'秩' 可以表示品級、官職，這裏作動詞。《資治通鑒・晉紀二十五》'又從而寵秩之'，胡三省注：'秩，官也。'"[2]

---

〔1〕 王輝：《古文字通假字典》，第703頁。

〔2〕 清華大學出土文獻研究與保護中心編，黄德寬主編：《清華大學藏戰國竹簡（拾）》，下册第114頁。

按硊不見於字書，殆從不，堯聲。堯與交皆上古音宵部字，聲母疑、見皆牙音，通用無問題，簡 7—8“即服于天，硊（效）命于周”即其例。效有授予義，但罕見。士有士大夫、官員等義。但“效士”一詞未見。疑硊可讀爲孝。孝與交聲字通用。《周禮·秋官·大行人》：“歸脤以交諸侯之福。”《大戴禮記·朝事》交作教。士一般指青壯年男子，做官未做官皆可稱之。孝，《説文》：“善事父母。”事君亦然。《禮記·大學》：“孝者，所以事君也。”《孝經·士章》：“資於事父以事母而愛同，資於事父以事君而敬同。故母取其愛，而君取其敬，兼之者父也。故以孝事君則忠，以敬事長則順。忠順不失，以事其上，然後能保其禄位，而守其祭祀，蓋士之孝也。”“孝士”，“以孝事君”之士。

“平𨙻”之𨙻僅見於《説文》所引《虞書》，今本《堯典》作秩。但“平𨙻”《史記·五帝本紀》引作“便程”，程或解爲程期。《説文》：“𨙻，爵之次弟也。从豊、弟。”段玉裁注：“直質切。按因《堯典》作‘平佚’，故爲此音耳。當是弟亦聲也。”簡文弟可讀爲悌。《説文新附》：“悌，善兄弟也。”《玉篇·心部》：“悌，孝悌。”孝弟、孝悌，孝順父母，敬愛兄長。《論語·學而》：“有子曰：其爲人也孝弟，而好犯上者鮮矣。……孝弟也者，其爲仁之本與！……子曰：弟子入則孝，出則弟，謹而信，汎愛衆，而親仁。”《孟子·梁惠王上》：“謹庠序之教，申之以孝悌之義，頒白者不負戴於道路也。”孝悌之人，必爲國之元良，能輔其君治國。《孝經·三才章》：“子曰：夫孝，天之經也，地之義也，民之行也。天地之經，而民是則之。則天之明，因地之利，以順天下，是以其教不肅而成，其政不嚴而治。”孝悌有教化功能，以孝悌之人爲臣，國政必能“不嚴而治”。

弟常與男連用。《急就章》：“求男弟。”此“男弟”爲人名，但亦有深意。唐顔師古注：“男者，以别女。弟者，有兄之稱也。”宋王應麟補注：“弟者，弟也，相次弟也。”漢有“郭愛君—郭男弟”印、“韓安君—韓男弟”印，“男弟”之名“反映出古人重男輕女、注重子嗣傳承之觀念”[1]。不過，值得注意的是，古人名、字意義相關，“男弟”“安君”“愛君”，則簡文“弟男”之臣能輔君治國，是很好理解的。

齵字書未見。字從齒，與聲。與、牙聲字通用。《史記·萬石張叔列傳》：“其萬石、建陵、張叔之謂邪！”《漢書·萬石衛直周張傳》邪作與。郭店楚簡《語叢三》簡 9—12：“牙爲悉（義）者遊，益。牙䑽（莊）者凥（處），益。……牙曼

〔1〕張傳官：《〈急就篇〉新證》，中西書局，2022 年，第 234 頁。

（慢）者尻（處），員（損），與（與）不好教（學）者遊，員（損）。”牙與与（與）用法同。[1]故𪘏即𪙛字異構。牙西周金文作𠃜、𠃜，本像上下齒之相錯。《説文》：“牙，壯齒也。象上下相錯之形。……𤘗，古文牙。”古文爲戰國文字。清華楚簡《良臣》簡4：“武王又（有）……君□。”[2]古文下所從是齒而非臼，𪙛是牙的繁化。西周晚期師克盨蓋：“則惟乃先且（祖）考，又𤰈於周邦，干（捍）害（禦）王身，乍（作）爪牙。”《敦煌變文集·韓擒虎話本》：“迴覩此陣，虎無爪𪙛。”與字戰國文字作□，秦文字作□，上部中間□後世或隸作与，實即牙字，牙也作聲符。[3]所以𪘏、𪙛、牙實爲一字。

七

清華楚簡《四告》簡10—11：“箴告乳＝（孺子）甬（誦），弗敢惷（縱）覓，先告受命天丁開（辟）子司新咎（皋）繇（繇），忎（忻）素成德。”[4]

影本注：“天丁，後世指天兵，這裏指天人。”是。丁後世可指從事某種專門性勞動的人。《莊子·養生主》：“庖丁爲文惠君解牛。”成玄英疏：“庖丁，爲掌廚丁役之人，今之供膳是也。”《説文》：“丁，夏時萬物皆丁實。”段玉裁注：“‘丁實’小徐本作‘丁壯成實’。《律書》曰：‘丁者，言萬物之丁壯也。’《律曆志》曰：‘大盛於丁。’鄭注《月令》曰：‘時萬皆强大。’”《逸周書·謚法》：“述義不克曰丁。”朱右曾集訓校釋：“丁，强也。”“天丁”，天所生强有力之人。天人，可特指天子。《晉書·文苑列傳·應貞》：“順時貢職，入覲天人。備言錫命，羽蓋朱輪。”“天丁”“天人”同。“受命天丁辟子”，承受天命之天子、嗣王，亦即周成王姬誦。

八

清華楚簡《參不韋》簡2—3：“帝乃命參不韋嬰（揆）天之中，秉百神之幾（機），𢿌（播）𦳝百堇（艱），𥥈（審）敀（乂）侌（陰）昜（陽），不吳（虞）隹

［1］ 王輝：《古文字通假字典》，第107頁。

［2］ 李學勤主編，沈建華、賈連翔編：《清華大學藏戰國竹簡（壹—叁）文字編》（修訂本），中西書局，2020年，第58頁。

［3］ 李學勤主編：《字源》，第205頁。

［4］ 清華大學出土文獻研究與保護中心編，黄德寬主編：《清華大學藏戰國竹簡（拾）》，下册第110頁。

（唯）訐（信），以定帝之德。”又簡46—47：“攺（啟），乃宔（主）隹（惟）土。乃层（尸）隹（惟）壹，弗厇（槖）弗匽，𢿌（播）諅乃化（過）而冥（黽）之。”又簡61—62：“萬（萬）民隹（惟）自𢿌（播）自𠰢，以請（情）告。”影本注：“𢿌，《説文》‘播’字古文，讀爲‘布’，訓爲遍。《墨子·天志中》：‘播賦百事。’孫詒讓閒詁引畢沅云：‘播，布。’諅，从言，𡖊聲，讀爲‘簡’，辨別檢閱；簡六二作‘𠰢’，易‘言’旁爲‘口’旁，與‘諅’爲一字異體。《周禮·大宗伯》：‘大田之禮，簡眾也’，鄭注：‘古者因田習兵，簡其車徒之數。’𢿌諅，又見簡四七‘𢿌（播）諅（簡）乃過而黽之’，簡六二有‘自𢿌（播）自𠰢（簡）。’……敀，从攴，𣍘省聲，同‘乂’，治理。”[1]

按諅从言，𡖊聲。𡖊即笶之訛，从竹从艸義近偏旁可互換也。笶，簡也。戰國中山王譽方壺：“𩇨（載）之笶箁（策），以戒嗣王。”笶从竹，外聲。外，月部疑紐；閒，元部見紐，月元陽入對轉，見疑牙音旁紐，讀音相近，故《説文》閒之古文作閖（大徐本作閖，誤），戰國曾姬無卹壺作，《古璽彙編》5559作[2]。諅可隸作譋，𠰢可隸作嫺。皆不見於字書，二字讀簡没有問題，但傳世文獻及出土文字未見“播簡”一詞，則影本注的看法仍可推敲。

我懷疑諅、𠰢可讀爲散。簡元部見紐，散元部心紐，二字疊韻，應可通用。閒與見聲字通用，《詩·邶風·凱風》：“睍睆黄鳥，載好其音。”“睍睆”韓詩作“簡簡”。[3]見與散聲字通用。《説文》霰之或體作霓。《説文》：“播，種也。从手，番聲。一曰布也。”播的本義是撒種，引申指布設，《墨子·備城門》：“蓋求齊鐵夫，播以射衝（衝）及櫳樅。”孫詒讓《閒詁》：“謂分布，使眾射之。”又引申爲分散。《尚書·禹貢》：“又北播爲九河。”孔氏傳：“北分爲九河，以殺其溢。”《周禮·考工記·鳧氏》：“鍾已厚則石，已薄則播。”鄭玄注：“大薄則聲散。”《禮記·禮運》：“播五行於四時。”孔穎達疏：“播，謂播散。”播散，散布。《管子·弟子職》：“堂上則播灑。”簡文讀爲“播散”，似亦文從字順。

按𣍘字書未見。敀字作、、，疑左旁爲月（）之倒文。攴旁與手旁在古文字中每可换用，疑敀即抈字異構。《古璽彙編》3185有人名“□抈”，抈字作。《説文》：“抈，折也。从手，月聲。”王筠釋例：“吾鄉謂兩人執艸木拗而折之曰抈。”

---

〔1〕清華大學出土文獻研究與保護中心編，黄德寬主編：《清華大學藏戰國竹簡（拾貳）》，中西書局，2022年，下册第111頁。

〔2〕湯餘惠主編：《戰國文字編》，福建人民出版社，2001年，第781頁。

〔3〕王先謙：《詩三家義集疏》，中華書局，1987年，第158頁。

章炳麟《新方言·釋言》:“今人謂以手折物曰抈。”《説文》:“乂，芟艸也。”芟即割草，折與割義近，故抈、乂（刈）意近。乂後來引申有“治理”義。

九

清華楚簡《五紀》簡3—4:“文后乃侖（倫）鬲（歷）天紀（紀），初𢦏（載）于日，曰豛古之紀（紀），自一始，一亦一，二亦二，三亦三，四亦四，五亦五。”影本注:“豛，讀爲‘繇’，訓爲用、通過，字又見清華簡《子産》簡二〇‘善君必繇昔前善王之法律’。或讀爲‘遙’，遙古，即遠古、上古。‘自一始’或上屬爲句。《漢書·律曆志》:‘傳曰“天六地五”數之常也。天有六氣，降生五味。’聿，讀爲律。”[1]

按《子産》之所謂“繇”字作，影本隸作𤜵，讀爲察。[2]《五紀》之“繇”字原作。二字右旁相同，左旁一爲犬，一爲豕，古文字犬、豕字形接近，易混用，故二字乃一字之異。《五紀》的注釋者大概以爲此字爲从豕、犬而䍃省聲之字，或直接就是繇字，可讀爲遙。繇字西周金文作、、，戰國文字作、，《説文》小篆作，又或作䍃（）[3]，與簡文字差距較大，故隸定作繇，或讀爲繇、遙，皆不可取。

從字形看，簡文應爲豚字，豚字甲骨文作、[4]，西周金文作（臣辰卣）、（臣辰卣）、（豚卣）[5]，《説文》篆文作，古文作。大徐本《説文》:“豚，小豕也。从彖省，象形，从又持肉以給祠祀也。篆文从肉豕。”大徐本篆文作。段玉裁注本改“从彖省象形”5字爲“从古文豕”。豕、彖一字分化。

豚、盾上古音文部定紐，二字雙聲疊韻，通用。盾字甲骨文作、、，商、西周金文作、、、[6]。、、爲象形字，像方形盾牌。爲形聲字，从（盾），豚聲。𢦔簋:“俘戎兵𢍰（盾）卯戈弓。”《説文》:“遯，逃也。从辵，豚

〔1〕清華大學出土文獻研究與保護中心編，黄德寬主編:《清華大學藏戰國竹簡（拾壹）》，下册第92頁。

〔2〕清華大學出土文獻研究與保護中心編，李學勤主編:《清華大學藏戰國竹簡（陸）》，中西書局，2016年，下册第138頁。

〔3〕李學勤主編:《字源》，第178、128頁。

〔4〕徐中舒主編:《甲骨文字典》，四川辭書出版社，1988年，第1058頁。

〔5〕容庚編著，張振林、馬國權摹補:《金文編》，中華書局，1985年，第669頁。

〔6〕高明、涂白奎編著:《古文字類編》，上海古籍出版社，2008年，第735頁。

聲。”又云：“遁，遷也。一曰逃也。從辵盾聲。”或説遁、遯音義同。[1]古文獻每多遁、遯通用之例。《尚書·説命下》：“既乃遯于荒野。”徐鍇《説文繫傳》遁字條下云：“《尚書》殷高宗曰：‘既乃遁于荒野。’是遷于荒野也，當作此遁，今文《尚書》借遯字。”《詩·小雅·白駒》：“勉爾遁思。”釋文遁作遯，云：“字又作遁。”《史記·蕭相國世家》：“漢王數失軍遁去。”《漢書·蕭何傳》遁作遯。[2]

《子産》簡“善者必豚（豚）昔前王之法律”，豚讀爲循。《説文》：“循，行順也。从彳，盾聲。”引申爲依循、遵從。《淮南子·氾論》：“大人作而弟子循。”高誘注：“循，遵也。”前人每言循或不循法。《漢書·武帝紀》：“其赦雁門、代郡軍士不循法者。”顏師古注：“循，從也，由也。”又《漢書·杜周傳》：“客有謂周曰：‘均爲天下决平，不循三尺法，專以人主意爲獄，獄者固如是乎？’”顏師古注：“孟康曰：‘以三尺竹簡書法律也。’師古曰：循，因也，順也。”簡文是説“善君（好君王）必然遵循古昔善王制定的法律，求進忠誠之臣（求藎之賢）”。這樣解釋，文從字順。影本原注讀豚爲察，無説，失之。

上古音循文部邪紐，遂物部邪紐，二字雙聲，物文陽入對轉，循遂通用。《墨子·非儒下》：“宗喪循哀，不可使慈民。”《史記·孔子世家》：“晏嬰進曰：‘夫儒者滑稽，而不可軌法；倨傲自順，不可以爲下；崇喪遂哀，破産厚葬，不可以爲俗……’”日人瀧川資言對“崇喪遂哀”四字考證曰：“《墨子》作‘宗喪循哀’，《晏子》作‘久喪遂哀’，《史》義最長。崇，厚也。王念孫曰：‘遂哀，謂哀而不止也。《三年問》曰：“三年之喪，二十五月而畢。”若駟之過隙。然而“遂之”，則是無窮也。’”[3]所引王念孫説《讀書雜志·晏子春秋一》“脩哀”條。王氏曰：“《内篇諫下》：‘今朽尸以留生，廣愛以傷行，脩哀以害性。’案脩字於義無取，當是循字之誤。循之言遂也，遂哀謂哀而不止也。”“《墨子·非儒篇》曰：‘宗喪循哀，不可使慈民。’……《史記·孔子世家》及《孔叢子·詰墨篇》皆作‘崇喪遂哀’，是‘循哀’即‘遂哀’也。”《五紀》簡“豚古”讀爲遂古，亦文從字順。《説文》：“遂，亡也。”段玉裁注：“《廣韻》：達也、進也、成也、安也、止也、往也、從志也。按皆引申之義也。”遂引申又有久義，《玉篇·辵部》：“遂，久也。”《詩·衛風·氓》：“言既遂矣，至於暴矣。”鄭玄箋：“遂，猶久也。”遂古，往古、上古、遠古。《楚

〔1〕李學勤主編：《字源》，第127頁師玉梅按語。

〔2〕高亨纂著，董治安整理：《古字通假會典》，第132頁。

〔3〕［汉］司馬遷撰，［日］瀧川資言考證，［日］水澤利忠校補：《史記會注考證附校補》，上海古籍出版社，1986年，第1147頁。

辭・天問》："遂古之初，誰傳道之？"《文選・王文考〈魯靈光殿賦〉》："上紀開辟，遂古之初。" 張載注："更晝上古開闢之時，帝王之居也。"《文選・班孟堅〈典引〉》："伊考自遂古，乃降戾爰兹。" 蔡邕注："遂古，遠古也。" 宋張耒《道士磯》："緬懷遂古初，巢居戒樵牧。"

關於遂古天地開闢的情形，古人多有推測。《楚辭・天問》："曰遂古之初，誰傳道之？上下未形，何由考之？冥昭瞢闇，誰能極之？馮翼惟象，何以識之？明明闇闇，惟時何爲？陰陽三合，何本何化？圜則九重，孰營度之？惟兹何功，孰初作之？斡維焉系？天極焉加？八柱何當？東南何虧？"《文選・曹子建〈七啟〉》："夫太極之初，渾沌未分。萬物錯綜，與道俱隆。" 李善注："《漢書》曰：'太極元氣，分三爲一。' 言元氣初爲一，後爲天、地、人也。《春秋説題辭》曰：'元清氣以爲天，渾沌無形體。' 宋均曰：'言元氣之初如此也，混沌未分也。言氣在《易》爲元，在《老子》爲道，義不殊也。"《老子》第四十二章："道生一，一生二，二生三，三生萬物。"《五紀》簡云 "豩（遂）古之紀，一亦一，二亦二，三亦三，四亦四，五亦五"，所謂 "一"，疑即《七啓》所説之 "太極"，《老子》所説的 "道"，它 "有物混成，先天地生。寂兮寥兮，獨立而不改，周行而不殆。可以爲天下母。吾不知其名，字之曰道，强名之曰大"（《老子》第二十五章），是渾沌狀態的元氣。亦與易通。《論語・學而》："五十以學《易》，可以無大過矣。" 釋文："魯讀易爲亦。" 易，變易，引申指孳生。《周易・繫辭上》："生生之謂易。" 孔穎達疏："生生，不絶之辭。陰陽變轉，後生次於前生，是萬物恒生謂之易也。"《老子》所謂 "一生二"，謂由一（元氣）中變化孳生出二（天、地）也。簡文的 "一、二、三、四、五" 只是一種哲學觀念，可以指稱宇宙、天地、陰陽、曆數、道德、山川、禮儀、方位、人事、五行、五色、人體，它們都是變動不居、孳生不絶的。

《五紀》簡 19—20："后曰：参聿（律）建神正向，急（仁）爲四正：東宂、南宂、西宂、北宂，豊（禮）、悉（愛）成。左：南唯（維）、北唯（維）、東₌樫₌（東柱，東柱），義、中（忠）成。右：南唯（維）、北唯（維），西₌樫₌（西柱，西柱），成巨（矩）。" 又簡 95："天埅（地）、四巟（荒）、四宂、四沯（柱）、四唯（維）。" 其中提到了四維、四柱，維是繫聯天宇的大繩，柱是支撑天宇的柱子，而《天問》提到了維和八柱。

簡 42："后曰：乍（作）又（有）卡₌（上下），而昊₌（昊昊）皇₌（皇皇），方員（圓）光忩（裕），正之以四方。"《天問》："上下未形。" 句例同。

由上所述，可見簡文説的是宇宙初始及天地開闢時人世萬物的情形。

A Note of Bamboo Slips at Yisuju (15th)

Wang Hui

Abstract: This paper is nine notes formed after reading the *Si Gao* (四告), *San Bu Wei* (參不韋) and *Wu Ji* (五紀) of the collection of Tsinghua bamboo slips of Warring States period. The paper mainly involves explaining the meaning of words and sorting out the meaning of sentences. For example, "Yun Xiang" (秐 香) should be read as Yun Xiang (芸 香); The word "Dan" (䵣) is a variant character and a phonetic loan character of Zhan (鱣) and Dan (旦) respectively; the pronunciation of "Hun Bao" (昏𣀈) is Hun Bao (昏暴); "Dian" (傎) is an omitted form of Dian (徝). It is also the character for Dian (蹎); the pronunciation of "Hao Huai" (好罘) is Hao Huai (好壞); the pronunciation of "Xiao Shi" (梳士) is Xiao Shi (孝士) ; "Ya" (䶂) is variant characters of Ya (牙); "Tian Ding" (天丁) means Heavenly Being (天人); the meaning of the phrase "Shou Ming Tian Ding Pi Zi" (受命天丁辟子) is that the son of Heaven, the heir to the throne, is also known as King Cheng of the Zhou Dynasty; the pronunciation of "Bo San" (播萶) is Bo San (播散); the word "Tun" (豮) should be Tun (豚), which character is pronounced Xun (循) or Sui (遂) in the bamboo slips. They mean "to follow" or "to obey" in ancient languages.

Keywords: the Collection of Tsinghua Bamboo Slips of Warring States; Si Gao (四告); San Bu Wei (參不韋); Wu Ji (五紀); Note

（王輝　陝西省考古研究院）

武威醫簡中的“大咸”
與“天一”“大歲”“大將軍”三兄弟*

董　珊

提　要：本文考釋武威醫簡92號木牘的神名“大蒇（咸）”，討論木牘所見“大咸”與“天一”“大歲”“大將軍”三兄弟的名實關係，并指出四者名實異同的複雜情況，討論了這個神煞系統的構造理據。

關鍵詞：武威醫簡　大咸　神煞　數術

1972年武威旱灘坡東漢墓出土的東漢醫簡（木簡78枚，木牘14枚），一般稱爲“武威醫簡”[1]，歷來爲中醫史研究者所注意，討論頗多。田河先生執筆的《武威漢簡集釋》，作爲張德芳先生主編的《甘肅秦漢簡牘集釋》叢書之一種，已於最近出版。[2]其中收録了武威醫簡的原始黑白照片以及近年重拍的彩色照片，并匯集了半個世紀的研究成果，蔚爲大觀。

武威醫簡中編號爲92的木牘，内容似與醫史無關，所以討論者少。我關注此牘很久，但因爲圖版不够清晰，許多疑點不能確定。現在根據《武威漢簡集釋》的照片再作辨識，嘗試重釋這枚木牘的文字，并略加討論。

一、釋“大蒇（咸）”

木牘92兩面書寫，正面書寫較爲工整，在背面首行偏下的部分，字體開始變得潦草。因爲原牘略有殘損，且有些文字不甚清晰，以往的釋文都不太理想。根據田

*　本文爲“古文字與中華文明傳承發展工程”資助項目“戰國題銘研究”（項目號G3217）的階段性研究成果。

〔1〕 甘肅省博物館、武威縣文化館合編：《武威漢代醫簡》，文物出版社，1975年。

〔2〕 張德芳主編、田河著：《武威漢簡集釋》，《甘肅秦漢簡牘集釋》叢書之一，甘肅文化出版社，2020年。

河先生的集釋，可對《武威漢代醫簡》的最初釋文作初步校改，其釋文如下：

□□□□□□，大兄爲天一，中者爲大歲，小者爲大將軍。大歲常三月壹上天，常乙癸己上，□巳酉未下，當此時□

□大歲、大將軍、百官盡□□□□□取婦、嫁女，皆□□□□□□□□入。

牘文最引人矚目的是“大兄爲天一，中者爲大歲，小者爲大將軍”。這説的是天一、大歲、大將軍爲三兄弟。

木牘背面“大歲大將軍”連言，其前面的兩個字，即木牘正面最末一字與背面的第一字，都不太清楚，以往闕釋。背面的第一字，據原始黑白照片看，有些模糊，但從張德芳先生新拍攝的彩色照片看，此處就是一長横筆，只是周圍顏色較爲暗淡，這個字就是“一”；仔細尋繹正面最後一字殘墨痕迹，“天”字也可以確認，這兩個字連讀爲“天一”。“巳酉未”之上有兩字，第一字據殘畫應是“常”字。所以這部分的釋文可改爲：

大□常三月壹上天，常乙癸己上，常□巳酉未下，當此時，天一、大歲、大將軍、百官盡……

體會文義，應該是説“大□”上下陟降之時，三兄弟“天一、大歲、大將軍”以及百官都與之有所配合行動。這個“大□”很可能就是“天一、大歲、大將軍”三者的統領者。

“大□”在《武威漢代醫簡》中被釋爲“大歲”。我認爲，應改釋爲“大葳（咸）”。“大咸”見《周禮·春官宗伯》“大司樂”職，是樂舞名稱“咸池”的異名。“咸池”的另一含義與術數有關，見於《淮南子·天文》：

斗杓爲小歲，正月建寅，月從左行十二辰。咸池爲大歲，二月建卯，月從右行四仲，終而復始。大歲迎者辱，背者强，左者衰，右者昌；小歲東南則生，西北則殺，不可迎也，而可背也，不可左也，而可右也，其此之謂也。大時者，咸池也。小時者，月建也。天維建元，常以寅始起，右徙一歲而移，十二歲而大周天，終而復始。

這段文字講“咸池”“大歲”“大時”三者異名同實。錢大昕對“大歲”又稱“咸池”做過解釋：

問：《淮南》以咸池爲太歲，與它書所言太歲異，何故？曰：《淮南》書云‘斗杓爲小歲，正月建寅，月從左行十二辰。咸池爲大歲二月建卯，月從右行四仲，終而復始。’又云：‘大時者，咸池也；小時者，月建也。’皆以大小相對，初未嘗指咸池爲太歲。其作太歲者，乃後人轉寫之訛。”然吴斗南《兩漢刊誤》

謂《淮南》不名天一爲太歲，又自以咸池名之，則南宋本已誤矣。[1]

錢大昕認爲“咸池”本做與“小歲”相對而言的“大歲”，“大”作“太”是“後人轉寫之訛”。秦漢文字常見“大”“太”通用，這在今天是常識。

我認爲，“咸池爲大歲”也是文字轉寫之訛。下面試著根據出土文獻談談“大歲”訛爲“咸池”的時間和原因。

從出土資料看，表示大歲的“咸池”一詞，已見於孔家坡漢簡（漢景帝後元二年，前142年）日書《徙》篇，這與成書於漢景帝後期的《淮南子·天文》年代相近，説明“咸池”與“大歲”相訛混不晚於漢景帝時。

“歲”字本從“步”，隸變時上面的“止”形常訛作“䒑”；而草字頭“艹（竹）”也常寫作“䒑”，“䒑”也有訛寫爲“止”的情況（武威醫簡25），寫法趨近；而“歲”字“戊”旁内的“止”形寫法若稍潦草，又易與“口”形相混，所以造成“歲”與“葴（箴）”字形相混。因爲“咸池”或稱“大咸”，“咸”字或常假借“葴”或“箴”字爲之，加之前述的“歲”“葴（箴）”字形相混，因此“大歲”先被訛寫成“大葴（箴）”，再改寫“大葴（箴）”（大咸）爲“咸池”。

表1 歲、葴字形表

文字	字形							
歲	 22	 22	 79	 92a	 92b	 03	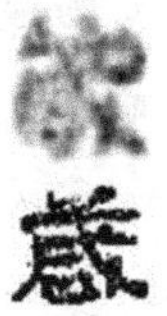 25	 25
葴	 19	 19	 20	 20	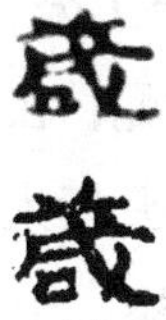 21	 21	 25	

從字體演變來看，上述情況，很有可能在漢初古隸階段已經發生。但早期的例子我們尚未看到。就武威醫簡來説，其時代是東漢初（光武帝或明帝、章帝時），在這批簡的第19至25簡中，“歲”與“箴”字都出現多次，可以看到這兩個字常常只有下面的“止”“口”寫法微異，其餘部分皆易混同。這也是《武威漢代醫簡》誤

〔1〕［清］錢大昕：《潛研堂文集》卷十四，陳文和主編《嘉定錢大昕全集（增訂本）》第九册，鳳凰出版社，2016年，第214—215頁。

釋92號木牘第二行頭兩個字爲“大歲”的原因。

木牍92講神煞“大葳（咸）”的運行週期通常爲三個月壹上天，以及常上行的天干“乙癸己”，常下行的地支“巳酉未”。當大咸上下時，附屬於大咸的三兄弟“天一、大歲、大將軍”以及百官盡如何如何，然後講到有關神煞運行的宜忌，即“取婦嫁女”如何。

此條記載的特殊之處，在於大咸作上下運行，往來於天地之間。這與術數類文獻常見神煞作平面環周式的週期運動有所不同，但大致還應該認爲“大葳（咸）”是以三個月爲運行週期的一種神煞。

我推測，木牘92的“大葳（咸）”可能與古書中常見的大神巫咸有關。王强先生曾考證放馬灘秦簡的“巫帝陰”爲“巫帝咸”，舉出里耶秦簡更名方“毋敢謂巫帝曰巫”爲證，可見秦人稱大神巫咸爲“巫帝”[1]；他又考證睡虎地秦簡《日書》所見的“巫堪”（甲73正貳、乙184）也是“巫咸”。他説：

> 巫咸在出土文獻中至今已出現多次，可總結如下：甲骨文寫作“咸戊”，有時省稱作“咸”；清華簡《楚居》寫作“巫戕”；睡虎地秦簡《日書》此前公認的有兩例，寫作“巫減”；馬王堆帛書《陰陽五行甲篇》（亦稱《式法》或《篆書陰陽五行》）寫作“無鈙”“無戕”[2]；秦詛楚文刻石之《告巫咸文》、王家臺秦簡《歸藏》、岳山秦牘《日書》以及馬王堆帛書《陰陽五行乙篇》寫作今天的“巫咸”。倘本文的結論可信，則又添兩條新材料，尤其是第一條稱巫咸爲巫帝不見於傳世文獻，對於研究古史形成及神話傳説也有很重要的參考價值。

可見巫咸有很多異稱。《藝文類聚》卷七山部上引晉郭璞《巫咸山賦》曰：“蓋巫咸者，實爲鴻術，爲帝堯醫，生爲上公，死爲貴神。”《山海經·海外西經》：“巫咸在女丑北，右手操青蛇，左手操赤蛇，在登葆山，群巫所從上下也。”[3]又《大荒西經》“大荒之中有山曰豐沮玉門，日月所入。有靈山，巫咸、巫即、巫肦、巫彭、巫姑、巫真、巫禮、巫抵、巫謝、巫羅，十巫從此升降，百藥爰在”，郭璞云：“群巫山

---

〔1〕王强：《秦簡所見巫咸兩考》，《簡帛研究（二〇一六）》（秋冬卷），廣西師範大學出版社，2016年，第94—100頁；收入王强《出土戰國秦漢選擇數術文獻神煞研究》附録二，吉林大學博士論文，2018年，第317—324頁。

〔2〕程少軒《據清華四説馬王堆〈式法〉的“巫咸”》，復旦出土文獻與古文字研究中心網站討論區以及跟帖中王輝説，2014年1月7日，http://www.fdgwz.org.cn/forum/forum.php?mod=viewthread&tid=6992&highlight=%E5%B7%AB%E5%92%B8。

〔3〕“巫咸”後原有“國”字，據郭璞《山海經圖讚》小題作“巫咸”無“國”字改，參看賈雯鶴：《〈山海經〉文獻校理九則》，《四川文理學院學報》，2021年第6期，第61頁。

〈上〉下靈山采藥往來也。蓋神巫所遊，故山得名。”[1]因爲巫咸首先是人臣，在許多文獻中被視爲巫之始祖，他具有溝通天人的屬性，因此以上文獻都説巫咸以陟降天地爲運行方式。《藝文類聚》卷七十六“寺碑”引梁簡文帝善覺寺碑銘云“巫咸可以升降”。巫咸升降的特徵，與武威醫簡木牘92“大蔵（咸）常三月壹上天，常乙癸巳上，常□己酉未下”對看，可以旁證大咸應是巫咸。武威醫簡中之所以出現有關“大咸”（巫咸）的簡文，結合《大荒西經》群巫採藥靈山的記載來看，很可能是因爲巫、醫本來同源。

木牘文所見“大咸”是主神，地位崇高。秦詛楚文之禱巫咸文（銘圖19832）以“皇天上帝及丕顯大神巫咸之光列威神”并列，可見其地位之高。木牍“大兄爲天一中者爲大歲小者爲大將軍”之前殘去的部分，有可能也是以皇天上帝與大神巫咸并舉。

《尚書·君奭》:“在太戊，時若有伊摯、臣扈，格于上帝，巫咸乂王家。”這段文字或可將“上帝”“巫咸”連讀，重新斷句爲“在太戊，時若有伊摯、臣扈，格于上帝、巫咸，乂王家”，“乂王家”的主語是“伊摯、臣扈”。設此不誤，則與巫咸爲帝堯醫的年代不矛盾，又與詛楚文的并舉上帝、巫咸相統一。誌此備考。

二、諸神煞名稱的“同名異實”與“異名同實”

考察古籍，作爲神煞的“大咸”“天一”“大歲”與“大將軍”這四個名稱及其異名，常常存在“同名異實”與“異名同實”的現象。所謂“實”，指的是神煞的運行規律，包括運行方向、運行週期、空間位置，以及對人事的吉凶宜忌影響，共四個要素。[2]下面列舉文獻中的相關記載，并兼及與四者有密切關係的“咸池”與“太陰”。

（一）咸池爲大歲。

前引《淮南子·天文》説“咸池爲大歲”，而咸池又名“大咸”，訛混的情況與原因已見上述。《淮南子·天文》講表示“大時”的“大歲”或“咸池”，運行方式是每月右行四仲。

（二）天一。

在出土文獻中，馬王堆帛書《陰陽五行》甲、乙篇《天一》章，以及《式法》

---

〔1〕［清］郝懿行《山海經箋疏》引郭璞註作“群巫上下此山採之也”。此據《太平御覽·卷五十·地部十五》“巫咸山”條引郭璞註。

〔2〕參考王强:《出土戰國秦漢選擇數術文獻神煞研究》，第3—5頁。

《出行占》[1]，都講到每月一徙的“天一”。

馬王堆《陰陽五行》甲本的《徙》篇説：

凡徙吉時，天一後三，小歲前五，淦（咸）池所去，德之所將徙，以徙□【□□□】君子貴，賤人□。【5上】[2]

由於“天一”與“咸池”對舉，可見“天一”與“咸池”不同。

又北大漢簡《揕輿》篇，有兩處紀年都提到“天一”的位置：

楚十三年，天一在卯，大陰在丑，皆左行十二辰。【46貳—47貳】

楚五年，天一在未。【74】[3]

由“楚十三年”一例可知“大陰”在“天一”後二辰，這與本文後面引用趙翼、錢大昕所提到“大將軍”或“大陰”在歲（太歲）後二辰的情况相同。可見《揕輿》篇這個“天一”其實相當於太歲，與“大陰”對言有別。這裏所説的“大歲”是年太歲。[4]太歲是在古人的觀念中設想出來的一個天體，是歲星的反影。太歲作爲歲星派生出來的假歲星，其與歲星（木星）的運行方向相反。太歲左行，每年行一辰。

傳世文獻中“天一”主要見於《淮南子》：

《淮南子·天文》：天神之貴者，莫貴於青龍，或曰天一，或曰太陰。太陰所居，不可背而可向，北斗所擊，不可與敵。

按:《論衡·難歲》“且太歲，天別神也，與青龍無異。”可見東漢時代太歲與青龍、天一、太陰四者相混。

《淮南子·天文》：天一元始，正月建寅，日月俱入營室五度，天一以始建七十六歲，日月復以正月入營室五度無餘分，名曰一紀。凡二十紀，一千五百二十歲大終，日月星辰復始甲寅元。日行一度，而歲有奇四分度之一，故四歲而積千四百六十一日而復合，故舍八十歲而復。

《淮南子·氾論》:“夫蟄蟲鵲巢，皆向天一者，至和在焉爾。”在《淮南子·天文》則説“太陰所建，蟄蟲首穴而處，鵲巢鄉而爲户。”可見《淮南子》這兩處的“天一”等同於“太陰”。

---

〔1〕圖版見裘錫圭主編:《長沙馬王堆漢墓簡帛集成（貳）》，中华书局，2014年，第17頁；釋文見裘錫圭主編:《長沙馬王堆漢墓簡帛集成（伍）》，中华书局，2014年，第156頁。

〔2〕裘錫圭主編:《長沙馬王堆漢墓簡帛集成（伍）》，第70頁。

〔3〕北京大学出土文獻研究所编:《北京大學藏西漢竹書（五）》，上海古籍出版社，2014年，第139頁、143頁。

〔4〕參看［清］孫星衍:《月太歲旬中太歲考》，收入孫星衍《問字堂集　岱南閣集》，駢宇騫點校本，中華書局，1996年，第32—35頁。

綜合上述，“大歲”與“天一”都是太陰的異名。看《淮南子·天文》“天一元始”段所敘“天一”的運行方式（始元建於甲寅——與下述“太陰”的始元同，76年1紀，20紀則1520年1大終），與太歲不同。這説明，天一與大歲有同名異實的情況。

（三）“太陰”（大將軍）與“太歲”。

趙翼《陔餘叢考》卷三十四“太歲大將軍條”：

術家有太歲、大將軍之説。動土者必避其方。按《漢書·天文志》，在寅爲攝提格，在卯曰單閼，在辰曰執徐，在巳曰大荒落。又《匈奴傳》，單于來朝，舍之太歲壓勝所在。又王充移徙法云：抵太歲，凶。負太歲，亦凶。抵太歲名曰歲下，負太歲名曰歲破。世俗起土興工，凡歲月所食之地，必有死者。如太歲在子，歲食於酉，正月建寅，則月食於巳，子寅之地興功，則酉巳之家見食，必須作壓勝之法，懸五行之物。如歲月食西家，西家懸金，食東家，東家懸炭。是太歲避忌之法，漢已有之。

其大將軍之稱，歐陽公《集古録》載《李康碑》云：歲在亥，大將軍在酉。公謂出於陰陽家，前史所未嘗見。周密以爲，即張晏所謂歲後二辰爲太陰者也。《漢書·翼奉傳》，奉上封事曰：今年太陰建於甲戌。孟康謂是年元帝二年，太歲在子。又揚雄傳，招搖與太陰兮。張晏曰：太陰，歲後二辰也。如丙子歲，則太陰在甲戌。《抱樸子》有諸皋太陰將軍之稱，術家蓋本此。按《漢書》，王莽號其將軍曰歲宿，則以太歲爲大將軍，并起於新莽矣。按《集古録》所云，則大將軍係歲後二辰，今術家則即以太歲爲大將軍。[1]

這是説“（太）歲後二辰爲太陰者”，有另一名稱“大將軍”，“太陰（大將軍）”本來跟“太歲”不是一回事，但晚期術家卻將“太歲”與“大將軍（太陰）”二者相混淆了。

錢大昕《潛研堂文集》卷十六“太陰太歲辨”：

漢初人多以太陰紀歲，亦曰歲陰。閼逢等十名，攝提格等十二名，古人本從太陰得名。《淮南》云：“太陰元始，建于甲寅。”故以攝提格居首。漢太初改元，詔云“復得攝提格之歲”，蓋以太陰表歲也。而下文即云“太歲在子”，是太陰自太陰，太歲自太歲，詔書未嘗并而爲一也。《太史公書》載《曆術甲子篇》，起太初元年閼逢攝提格，盡七十六年而止，皆以太陰紀歲。或疑爲褚少

〔1〕［清］趙翼：《陔餘叢考》，曹光甫點校本，上海古籍出版社，2011年，第656—657頁。

孫所補，即果出於少孫，亦是元、成間人，身在郎署，必非妄説，是西京猶用太陰紀歲矣。劉子駿造《三統術》云："欲知太歲，以六十除積次，餘不盈者，數從丙子起。"則是以丙子爲肇端，自太極上元至太初元年，復得丙子，與武帝詔"太歲在子"之文相應。一術不當有兩元，故不别立求太陰法，乃後人但以太歲紀歲，不復知有太陰。

《漢書·天文志》承史公之文，而改歲陰爲太歲，由是歲陰、太歲并爲一事，而不知其有大不可通者。其言曰"太陰在寅曰攝提格。歲星正月晨出東方，石氏曰在斗、牽牛，甘氏在建星、婺女，太初曆在營室、東壁"云云，兼存三家之學，驟讀之似無可議，及細考之，則石氏與《天官書》同，甘氏小有出入，太初則常差兩次，其故何歟？史公以太陰紀歲，其言歲陰在寅者，太歲實在子，故歲星以天正十一月出斗、牽牛（即丑宫星紀之次），其月斗建子，賈公彦所云子上有太歲也。太初以太歲紀歲，太歲在寅，則歲星在娵訾矣（寅與亥合）。當以斗建寅之月，晨出營室、東壁，所謂歲星與日常應，太歲月建而見也。同一攝提格也，一爲太陰（即歲陰），一爲太歲，相差兩辰，同一正月也，一爲建子，一爲建寅，相差亦兩次，夫亦冰炭之不相入矣。志家亦知其難通，乃强爲之説曰："星有嬴縮，各録所見。"曾不思歲星每歲行一次，即有嬴縮，不過數度，甘、石異同，可以嬴縮解之，若太初之與甘、石立法本殊，何容并爲一談！《春秋傳》云"歲棄其次而旅于明年之次"，此星有嬴縮之説也，烏有歲在星紀而淫于娵訾之口者乎？此志或云馬續所作，非孟堅之文，要其昧于太歲、太陰之辨，貽誤後賢，則志家不得辭其咎矣。張揖、晉灼諸人又在馬續之後，承訛襲謬，認太陰爲太歲，又何怪焉！〔1〕

錢大昕指出，太歲建丙子，太陰建甲寅，太歲與太陰之相混，源於劉子駿（劉歆）與《漢書·天文志》，早在東漢已混。

但東漢安定郡臨涇人王符撰《潛夫論·卜列》記載"及諸神祇太歲、豐隆、鉤陳、太陰將軍之屬"〔2〕，同時保存了"太歲"與"太陰將軍"的名稱。"太陰將軍"即"大將軍"也即"太陰"，與"太歲"并列爲二事。這個"太陰"，根據上引趙翼《陔餘叢考》，常在太歲前二辰，也就是被馬續所撰《漢書·天文志》（時在漢章帝、

---

〔1〕［清］錢大昕:《潛研堂文集》卷十四，陳文和主編《嘉定錢大昕全集（增訂本）》第九册，第243—244頁。

〔2〕張覺《潛夫論全譯》"前言"認爲《潛夫論》成書於安帝至順帝時，是王符壯年作品。貴州人民出版社，1999年，第7頁。據此看，《潛夫論》成書年代略晚於武威醫簡。

和帝間）混淆而丢失的那個“歲陰”。《潛夫論》説明“太陰”在基本同時的東漢民間仍是存在的。“太陰將軍”與武威醫簡所存的“大將軍”名稱有關，而其實未必相同，不能詳考。

（四）“大陰”與“大歲”作爲三年一徙的神煞而同實異名的情況。

陶磊曾舉出以下文獻：

> 《史記·貨殖列傳》引計然語：故歲在金，穰；水，毀；木，饑；火，旱。
>
> 《論衡·明雩篇》范蠡計然曰：太歲在子，水，毀；金，穰；木，饑；火，旱。
>
> 《越絶書·計倪内經》：太陰三歲處金則穰，三歲處水則毀，三歲處木則康，三歲處火則旱。

陶磊説：“從這三節文字看，歲、太歲、太陰三者功能相同。《史記·貨殖列傳》引白圭語：‘太陰在卯，穰，明歲衰惡；至午，旱，明歲美；至酉，穰，明歲衰惡；至子，大旱，明歲美，有水。’卯午酉子就是木火金水，由此看來，太陰太歲在年歲占卜上可以互换，功能完全相同。後人説太陰是太歲之陰神是有道理的。（原註：《五行大義》卷五‘論諸神’，據劉國忠校本，見劉著《〈五行大義〉研究》附録，遼寧教育出版社，1999年。）”〔1〕

計然所稱的“歲”或“太歲”即白圭或《越絶書》所稱的“太陰”。這個三歲一遷徙的神煞太歲或稱“太陰”，與錢大昕所説每年一徙的太歲與歲後二辰的太陰，運行方式不相同，而名稱相同。

（五）年神太陰的運行方式，見於《淮南子·天文》：

> 太陰在寅，歲名曰攝提格，其雄爲歲星，舍斗、牽牛，以十一月與之晨出東方，東井、輿鬼爲對。太陰在卯，歲名曰單閼，歲星舍須女、虚、危，以十二月與之晨東方，柳、七星、張爲對。太陰在辰，歲名曰執除，歲星舍營室、東壁，以正月與之晨出東方，翼、軫爲對。太陰在巳，歲名曰大荒落，歲星舍奎、婁，以二月與之晨出東方，角、亢爲對。太陰在午，歲名曰敦牂，歲星舍胃、昴、畢，以三月與之晨出東方，氐、房、心爲對。太陰在未，歲名曰協洽，歲星舍觜巂、參，以四月與之晨出東方，尾、箕爲對。太陰在申，歲名曰涒灘，歲星舍東井、輿鬼，以五月與之晨出東方，斗、牽牛爲對。太陰在酉，歲名曰作鄂，歲星舍柳、七星、張，以六月與之晨出東方，須女、虚、危爲對。太陰在戌，歲名曰閹茂，歲星舍翼、軫，以七月與之晨出東方，營室、東壁爲對。

〔1〕陶磊：《〈淮南子·天文〉研究——從數術史的角度》，中國社會科學院研究生院博士論文，2002年，第38頁。

> 太陰在亥，歲名曰大淵獻，歲星舍角、亢，以八月與之晨出東方，奎、婁爲對。太陰在子，歲名曰困敦，歲星舍氐、房、心，以九月與之晨出東方，胃、昴、畢爲對。太陰在醜，歲名曰赤奮若，歲星舍尾、箕，以十月與之晨出東方，觜巂、參爲對。太陰在甲子，刑德合東方宫，常徙所不勝，合四歲而離，離十六歲而復合。所以離者，刑不得入中宫，而徙於木。
>
> 太陰在四仲，則歲星行三宿；太陰在四鉤，則歲星行二宿：二八十六，三四十二，故十二歲而行二十八宿。日行十二分度之一，歲行三十度十六分度之七，十二歲而周。
>
> 太陰元始建於甲寅，一終而建甲戌，二終而建甲午，三終而復得甲寅之元。歲徙一辰，立春之後，得其辰而遷其所順。前三後五，百事可舉。

據此知道太陰建於甲寅，左行，歲徙一辰。《淮南子·天文》説："太陰、小歲、星、日、辰五神皆合，其日有雲氣風雨，國君當之。"最大的時神是太陰。《天文》另一處以小歲（小時、月建）跟大歲（大時、咸池）對言，大歲（大時、咸池）與太陰對言有别，又不是一回事。

（六）太陰與大歲作爲兩個不同的年神，還經常同時見於北魏、唐、宋時代的曆書。

敦煌文獻中，有不少具注年神的古曆書。在曆書序言中，常列出數十種年神的名稱以及所在方位，對應紀年的地支（少數對應天干）。鄧文寬先生對敦煌曆書文獻有輯録[1]，從他的輯録與研究來看，有數十種之多的曆書講到年神"太歲""太陰""大將軍"。其中最早的一件是《北魏太平真君十一年（450）、十二年（451）具注曆日》[2]，記録當年的三個年神所在：

> 太平真君十一年曆［日］［太］歲在庚寅 大陰、大將軍［在子］
>
> 太平真君十二年曆日 其年改爲正平元年 太歲在辛卯 大將軍在卯〈子〉 大陰在丑

再舉北宋的《宋雍熙三年丙戌歲具注曆日》來看：

> 今年太歲在丙戌，大將軍在午，太陰在申，歲刑在未。黄幡在戌，豹尾在辰……今年歲德在丙，合德在辛。右件太歲已下，其地不可穿鑿動土，因有崩

〔1〕 鄧文寬：《敦煌古曆叢識》八"年神方位與月神方位日期"，《敦煌吐魯番天文曆法研究》，甘肅教育出版社，2002年，第117—119頁。

〔2〕 鄧文寬：《敦煌天文曆法文献輯校》，江蘇古籍出版社，1996年，第101、102頁，參看第108—109頁注釋［一五］。此件的流傳，看鄧文寬：《敦煌吐魯番曆日略論》，載《敦煌吐魯番天文曆法研究》，第57頁注釋［1］，謂"1997年，原件由日本返回中國，今藏甘肅省敦煌研究院"。

壞，事須修德，歲德合，月德合，天赦、天恩、母倉并者，修營無妨。（P.3403）

鄧文寬先生根據陳遵嬀《中國天文學史》總結的年神方位表〔1〕，指出大將軍三年一徙，位於子、卯、午、酉四仲，因此校訂太平真君十二年曆日中的“大將軍在卯”爲“大將軍在子”。大將軍三年一徙的運行方式，與上舉三年一徙的神煞“太歲”或“太陰”相同。三年一徙的運行方式，指向三個神煞名稱，這是“同實異名”的典型例子。

鄧文寬先生也考察了敦煌曆日與當代東亞民用“通書”的文化關聯。〔2〕從他的考察來看，“太歲”“大將軍”兩個年神在日本、香港的通書中都有并列的情況，比較常見。張麗山先生撰文指出，日本京都的大將軍八神社的“大將軍”信仰，是由中國傳來的年神信仰。〔3〕例如張麗山引用日本天平勝寶八年（756年）具注曆：

> 大將（太歲）在丙申，大陰在午，大將軍在午，歲刑有寅，歲殺在未，黄幡在辰，豹尾在戌。右件太歲已下，其地不可穿鑿動土，因有崩壞，事須營者，日與上吉并者，修營無妨。〔4〕

趙翼説“今術家則即以太歲爲大將軍”，是説清代的民間也混淆了“太歲”與“大將軍”，徑直以太歲取代了大將軍。張麗山引文中“太歲”稱“大將”，易與“大將軍”相混。但從鄧文寬的考察來看，年神大將軍至今仍然保存在東亞地區的曆書中，并未丟失。

武威醫簡所見“大歲”“大將軍”兩名并舉，其組合關係與敦煌曆書有些相似，但其實應該不相同。因爲木牘的“天一”“大歲”“大將軍”的運行方式不詳，未必是年神。

（七）神煞“大將軍”，又見於秦駰禱病玉版。

秦駰禱病玉版（《銘圖》19829、19830）記載秦惠文王向華山禱病之禱辭，禱辭前面説：

> 惴惴小子，欲事天地、四極、三光、山川、神示、五祀、先祖，而不得厥方。

然後説他遇到一位東方術士，通過術士向“明神”禱告，并準備了祭品告華太山，華太山如果讓他的病得到好轉，就隆重祭祀，并開列條件。後面又説：

---

〔1〕 陳遵嬀：《中國天文學史》第三卷，上海人民出版社，1980年，第1644頁。

〔2〕 鄧文寬：《敦煌曆日與當代東亞民用“通書”的文化關聯》，《敦煌吐魯番天文曆法研究》，第89頁。

〔3〕 張麗山：《日本京都大將軍八神社與中國文化的淵源——兼論陰陽道在中日文化關聯中的一個側面》，《浙江外國語學院學報》2014年第4期，第95—100轉106頁。

〔4〕〔日〕今枝愛真：《中世禪宗史の研究》，東京大學出版社，1970年，第36頁。此轉引自張麗山文。

旬（苟）令小子駰之病日復故，告大（？）□大將軍，人壹□□，王室相如。

這裏“告”是指痊愈後舉行的賽禱，其後的“大（？）□大將軍”是所告神名，即前所述的明神中的一種。這幾個字原寫作：

前兩個字的釋文還可以再考慮。但無論如何，可見後世文獻所見的“大將軍”是戰國中期已經存在的神名，且從秦駰禱病玉版所述的情況看，很可能是由東方術士發明并傳入秦地的。秦漢之際的宗教如何在各地流傳并演變，是另外一個值得討論的話題。

總而言之，天一、大歲、大將軍與咸池、大陰等這些神煞常有同名異實與異名同實的現象，他們或可能有些共同的源頭，是某些神煞的別神分體，名、實關係屢經分化與融合，不易釐清。

三、武威醫簡整合諸神煞的理據

武威醫簡木牘92所記的諸神煞，以“大咸”統領“天一”“大歲”“大將軍”三兄弟，在其他文獻中未見。這可能是東漢初年武威地區流行的神煞系統。下面討論這個神煞系統的整合理據。

（一）首先是借鑒了《史記·天官書》中所見的“子屬”。

《史記·天官書》：中宫天極星，其一明者，太一常居也；旁三星三公，或曰子屬。

《史記·天官書》：東宫蒼龍，房、心。心爲明堂，大星天王，前後星子屬。《索隱》:《鴻范五行傳》曰：心之大星，天王也。前星，太子；後星，庶子。

《史記·天官書》：前列直斗口三星，隨北端兑，若见若不，曰陰德，或曰天一。《正義》引《星經》：天一、太一二星主王者即位，令諸立赤子而傳國位者。星不欲微，微則廢立不當其次，宗廟不享食矣。

第1例材料説位於太一旁表示三公的星，另一種説法是太一的三子。第2例是説心宿的大星與其前後兩星的關係是父子。第3例《星經》是説太一與天一關係是帝王與太子。武威醫簡木牘92“大咸”與“大兄天一”“中者大歲”“小者大將軍”的關係，與這些象征父子、兄弟的星際關係都類似。

（二）以大咸爲主，以三兄弟“天一”“大歲”“大將軍”爲輔的四星結構，很容易令人想起所謂的“泰一鋒”。

> 《史記·孝武本紀》：其後人有上書，言古者天子三年一用太牢具祠神三一：天一，地一，泰一。天子許之，令太祝領祠之忌泰一壇上，如其方。
>
> 《史記·孝武本紀》：其秋，爲伐南越，告禱泰一，以牡荊畫幡日月、北斗、登龍，以象天一三星，爲泰一鋒，名曰‘靈旗’。爲兵禱，則太史奉以指所伐國。

“泰一鋒”是四星連線組成倒“Y”字形，泰一在後。以“或曰子屬”來説，“天一三星”可視爲主神太一的分身别神。這種結構，也與武威醫簡所見的大咸統領天一、太歲、太陰大將軍的關係相類似。

（三）在運行軌迹以及宜忌方面，“大咸常三月壹上天”以及“當此時”對取婦嫁女的影響，可以再作申説。

數術類文獻常見關於嫁娶的宜忌。例如沅陵虎溪山日書：“徙與取（娶）婦嫁女所辟（避），辟（避）咸池、女嬽、小歲。”（虎溪山·戊66）最近看到馮西西指出，“嫁子意味著該女子脱離原居住地并更换户籍，可看作是一種變相的移徙。那麼可以説時人對‘歲’的禁忌主要體現在移徙上”[1]。猜想武威醫簡也是講“大咸”陟降時不宜取婦嫁女。

大咸以上下陟降爲運行方式，可以聯想到《國語·楚語下》“昭王問觀射父”章“顓頊受之，乃命南正重司天以屬神，命火正黎司地以屬民，使復舊常，無相侵瀆，是謂絶地天通”，又稱“重實上天，黎實下地”。重、黎溝通天地交通的神性，與巫咸相似。《離騷》“欲從靈氛之吉占兮，心猶豫而狐疑。巫咸將夕降兮，懷椒糈而要之。百神翳其備降兮，九疑繽其并迎”，《楚辭補註》謂“巫咸已得椒糈，則率百神，蔽日來下”，這是説在占卜時請巫咸降神，百神“蔽日來下”。這與武威醫簡所見大咸上下時，三兄弟與百神也有協同，非常相似。以原本爲人臣的巫咸之神统领原本为歲時之神的三兄弟，应以战国秦汉求仙思想作爲时代背景。

巫咸與“大咸”“咸池”諸語詞的本義可能并無關係。據《周禮·春官宗伯》

---

〔1〕 馮西西：《漢代移徙研究》，武漢大學博士學位論文，2022年，第172頁。

“大司樂”職“大咸”之鄭玄註“大咸，咸池，堯樂也，堯能殫均刑法以儀民，言其德無所不施”，“咸池”本當讀爲“咸施”，漢瓦當文有“四極咸施”，謂漢德徧施四極，與鄭註同。但“咸池”作爲樂舞專名，與其他樂舞名“大卷”“大磬”“大夏”“大濩”“大武”的構詞形式相類推[1]，就出現了異名“大咸”，而“大咸”剛好與本文前面已述的“大歲”字形訛成“大葴”相通假。這首先是文本上發生雙向趨近并混同，在此基礎上又做了意義重構。

又《淮南子·天文》有兩處講“太一四宫”，即“紫宫”“軒轅”“咸池”“天阿”，其中説“咸池者，水魚之囿”，這是將“咸池”一詞理解爲定中結構的名詞，以“池”爲詞幹且爲本字，這與鄭註理解爲動詞“咸池（施）”又不相同。孰爲本義，很難釐清。

《四庫全書總目提要》於《星曆考原》下説到神煞的命名：“至其神各命以名，雖似乎無稽，然物本無名，凡名皆人之所加，如周天列宿，各有其名，亦人所加，非所本有。則所謂某神某神，不過假以記其方位，别其性情而已，不必以詞害意也。”[2]在數術文獻中，許多神煞名稱是從别處借用過來的，而其詞語結構被重新理解，作爲神名只有符號的屬性，其能指與所指都被重新指定。這是研究早期詞語不可不察的情況。

據本文討論，武威醫簡中的木牘92釋文可重擬爲（根據我的理解新作摹本，見附圖）：

> □□□□□□，大兄爲天一，中者爲大歲，小者爲大將軍。大葴（咸）常三月壹上天，常乙、癸、己上，常□巳、酉、未下，當此時，天一、大歲、大將軍、百官盡□（從？），□□盡絶，取如（婦）、嫁女，皆□□□□□□□□□入。

本文考察了“大咸”與“天一”“大歲”“大將軍”的關係，并指出四者名實異同的複雜情況，討論了這個神煞系統的構造理據。這些探索未必合適，或

---

〔1〕《周禮·春官宗伯》“大司樂”職：“乃分樂而序之，以祭，以享，以祀。乃奏黄鐘，歌大吕，舞《云門》，以祀天神。乃奏大蔟，歌應鐘，舞《咸池》，以祭地示（鄭玄註：《咸池》，《大咸》也。地示，所祭於北郊，謂神州之神及社稷）。乃奏姑洗，歌南吕，舞《大韶》，以祀四望。乃奏蕤賓，歌函鐘，舞《大夏》，以祭山川。乃奏夷則，歌小吕，舞《大濩》，以享先妣。乃奏無射，歌夾鐘，舞《大武》，以享先祖。凡六樂者，文之以五聲，播之以八音。凡六樂者，一變而致羽物及川澤之示，再變而致祼物及山林之示，三變而致鱗物及丘陵之示，四變而致毛物及墳衍之示，五變而致介物及土示，六變而致象物及天神。”

〔2〕參看王强《出土戰國秦漢選擇數術文獻神煞研究》緒論之“神煞的定義”，第3—5頁。

僅限於羅列一些資料和想法，還希望得到學界的批評指教。也希望有機會能爲這件木牘重拍紅外線照片，爲學界提供更清晰的資料。

2023 年 5 月 31 日初稿

2023 年 7 月 5 日修改

The “Daxian” in Wuwei Yi Jian with the three brothers of “Tianyi”, “Dasui”, and “Dajiangjun”

Dong shan

Abstract: This article examines and interprets the divine name “Daxian (大咸)” in the wooden slips of Wuwei Yi Jian (武威醫簡) No. 92, and discusses the relationship between the name and reality of “Daxian (大咸)” seen in the wooden slips and the three brothers “Tianyi (天一)”, “Dasui (大歲)”, and “Dajiangjun (大將軍)”. It also points out the complex situation of the similarities and differences between the names and reality of the four, and discusses the structural basis of this divine name system.

Keywords: Wuwei Medical slips; Daxian; Divine name; Numerology

（董珊　北京大學中文系）

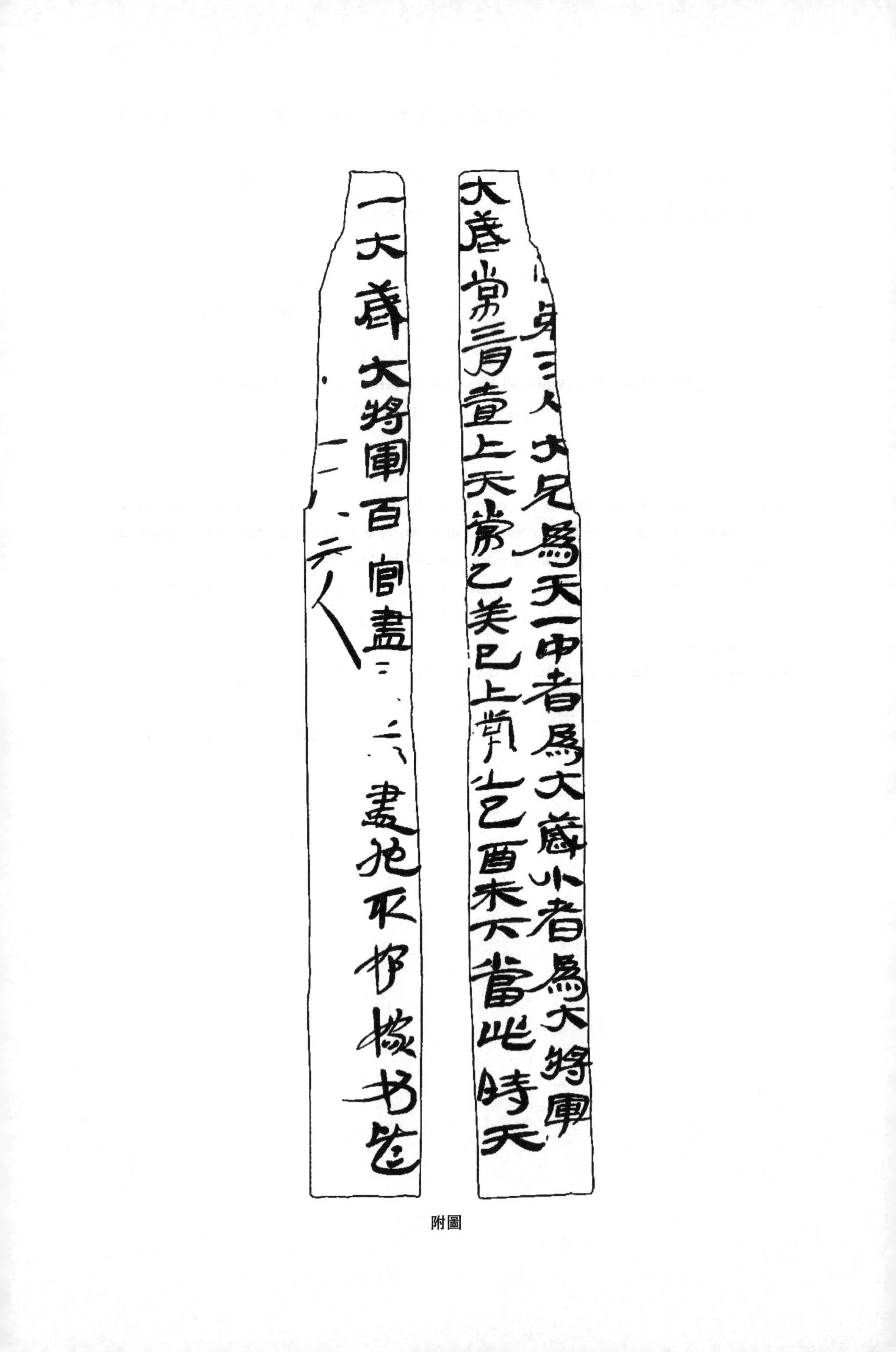

附圖

居延漢簡釋讀札記之一*

——從文字釋讀所涉漢代文化生活説起

张俊民

提　要：居延漢簡的發現與解讀，使人們對漢代社會生活的認識更近了一步，尤其是邊塞地區的生活更是如此。而作爲我們研究與認識社會生活保障的文字釋讀本身又有一個漸進的過程，圖像獲取與出版技術的提高使我們有可能看到原本肉眼不能發現的筆迹，解決原本看似不清楚的文字。《急就篇》散簡的兩個字，一個是當時避諱的實例，諱“莊”爲“嚴”，應該是東漢的諱例；另一個是本來應該釋讀的“求”字，不知爲何釋讀一直釋作“家”呢？而另一個看似與捕魚方式無關的“反笱”，是不是漢代長城形態“懸索”的配件還值得再探討。

關鍵詞：居延漢簡　西北史地　漢長城　社會生活

居延漢簡作爲漢代西北邊塞的屯戍檔案被發現九十多年了，伴隨著《居延漢簡》《居延新簡集釋》的出版，居延漢簡的整理達到了現有技術條件下的巔峰。高清的圖版使得一些涉及文化生活的文字有可能得到準確釋讀，人們對一些問題的認識藉助越來越多的資料而進一步完善。本文試以札記二則，談一談文字的釋讀與文化生活的關係。不妥之處，請批評指正。

一、西北漢簡中避諱字例

《急就篇》是西漢元帝時史游編寫的童蒙識字書，是居延漢簡中常見的字書之一。另一本是時間更早一點的《倉頡篇》。二書是簡牘整理過程中不可避免的，而作爲常見的文字由於其書寫字體的怪異加上簡牘自身的漫漶，個別字的釋讀仍存滯礙，具體到簡牘的釋文就是我們見到的“□”，一個“□”代表一個字不可釋讀。

* 本文爲國家社科基金重大項目（20&ZD217）“中韓日出土簡牘公文書資料分類整理與研究”階段性成果。

我們要檢討的是居延新簡EPT48:154+41，《居延新簡集釋》仍作二簡處理。釋文作：

（1）☑嚴薛勝客聶邗將家男弟過説長　　EPT48:41A[1]

（2）崔孝襄姚得燕楚☑　　EPT48:154A

何雙全早在《甲渠候官破城子斷簡綴合表》中已經指出二簡可綴合。[2]綴合可從，綴合後的釋文作：

崔孝襄姚得燕楚嚴薛勝客聶邗將家男弟過説長　　EPT48:154+41A

早年孫聞博亦曾關注到本簡可以綴合，因爲在《集釋》之前，没有清晰的圖版，其註文稱："對照圖版，'家'字不清，顔本、宋太宗本等均作'求'。"并對《急就篇》的版本差異及避諱例進行了解釋。[3]

今按，本簡B面是私人書信，釋文略而不録。A面屬於《急就篇》文字，"求"已有釋讀多作"家"，此字作""形，顔色處理後作""形，應釋作"求"字，且與"顔註本"合。"求"爲姓氏"裘"字之别體。又據"顔註本"，"得"字後脱"賜"字。"嚴"字《急就篇》作"莊"字，孫聞博對此改字無解。[4]按照顔註，"楚莊"是指"楚莊王"。簡文中的"莊"字改作"嚴"字，應該是東漢避諱的結果。漢明帝名劉莊，諱"莊"爲"嚴"，應該是本簡"嚴"字替"莊"的依據。由是，本簡的時間應該是在漢明帝之後，與本探方的多數紀年時間吻合。探方的簡牘年代前引孫聞博文有介紹，兹不贅。

從本簡的脱"賜"字、諱"莊"爲"嚴"，以及將"薛"字作""形等，可見本簡具有非常明顯的時代特徵與文化信息。因爲諱"莊"爲"嚴"是東漢孝明帝的避諱字，可見本簡的録文一定在東漢明帝之後。脱字與别體，又是本簡具有習字的特徵。

這是簡EPT48:154+41A的釋讀與避諱、時代等具有典型文化特徵的表現。在此還想就自己對已有避諱的認識做一檢討。大約三十年前，初出校門學習漢簡，在《史諱舉例》的影響下，筆者曾刻意就居延舊簡中出現的幾個字與避諱拉上關係，但是卻忽視了孤證不立的原則，當然，在今天圖版更加清晰的情况下，早年理解偏差的問題就更加清楚了，有必要收回。《史諱補例——漢簡札記之二》發表在《西北史地》1990年第4期，涉及的簡文有居延舊簡10·37、116·24、210·29與《疏》

〔1〕張德芳主編：《居延新簡集釋》，甘肅文化出版社，2016年。行文簡稱"《集釋》"。此類簡號均出自本書，不同者無出處者是作者補釋。

〔2〕何雙全：《國際簡牘學會會刊》第2號，蘭台出版社，1996年。

〔3〕孫聞博：《〈急就篇〉用字新證》，簡帛網2014年5月23日。

〔4〕同上。

简 181。

以上四簡前三簡屬於居延舊簡，當時主要依據的是《居延漢簡釋文合校》[1]，雖説是有《居延漢簡甲乙編》[2]，但在當時是不認識漢簡上幾個字的，只是拿起《合校》找尋相合的幾個特殊用字而已。另一簡是源自《疏勒河流域出土漢簡》。[3]四簡在最新出版的《居延漢簡》中均有比較清晰的圖版與新的釋讀，釋文分别作：

(3)	官具弩七	紺胡一	弩幡九	承弦十四
第廿五車父平陵里辛盈川	承弩二	由庋一	蘭七	私劍八
	方三	靳干十	蘭冠七	
	稾矢三百五十	靳幡十	服七	
	稾寅千五十			10·37[4]

本簡出土在地灣城，位於肩水金關遺址南 500 米，屬於肩水都尉肩水候官所在地。首起大字居中，書車父編號、籍貫與人名，其下分四欄書寫。第一欄五行文字，第二、三欄四行文字，第四欄兩行文字。記録的物品名稱與守御器有關。釋文的分歧主要集中在“辛盈川”還是“韋益川”，“韋益川”是《甲乙編》釋文。二字圖版作“[illegible]”形，第一個與“韋”字顯然不合，“韋”字可以省爲三個“口”，但是中間一竪筆是上下出頭的。[5]“辛”字字形外觀雖不合，但確有合理性，如果書手將“立”部作三横筆，再用一“十”字連通，構成一個目前所見的字也是可以成立的。

第二字“益”字是一横四點，上、下二點構成一線，與“立”字三横近似，而下部的“皿”部無法與上面三横合起來構成一字，將三横以“弓”字形出現，作爲“益”字應該是可以成立的。

既然“辛益川”的釋讀較爲合理，那麽被我們視作避漢惠帝諱字的“盈”字就不復存在了。另外，檢索居延新簡、肩水金關漢簡與懸泉置漢簡，還没有明確的“盈”字。[6]只有一例《合校》的釋讀被《居》沿襲。而西北漢簡中原本是“建除家”使用的“盈”都被“滿”字替代了。即“建除盈平定”，所見都是“建除滿平定”。

---

〔1〕謝桂華、李均明、朱國炤：《居延漢簡釋文合校》，文物出版社，1987 年。行文簡稱“《合校》”。

〔2〕中國社會科學院考古研究所：《居延漢簡甲乙編》，中華書局，1980 年。行文簡稱“《甲乙編》”。

〔3〕林梅村、李均明：《疏勒河流域出土漢簡》，文物出版社，1984 年。

〔4〕簡牘整理小組：《居延漢簡（壹—肆）》，“中研院”歷史語言研究所，2014—2017 年。行文簡稱“《居》”。以簡號可以找到具體簡文與頁碼，頁碼不贅。

〔5〕陳建貢、徐敏：《簡牘帛書字典》，上海書畫出版社，1991 年，第 901 頁。行文簡稱“字書”。

〔6〕居延新簡 EPT40:56 已有釋文有“☒盈積善，當實之，謁不言”，今據圖版改“盈”爲“□”，疑爲“盧”字。EPT59:527 早年僅釋出一個“得”字，《集釋》補出很多人名，其中有“盈林”一人。此字圖版漫漶，作爲人名姓氏“盈”字少見，疑爲“盧”字。

本簡的釋文因爲“盈”字涉及漢代的諱例，筆者比較關注的是舊有釋讀的“盈”字。而簡中另一個存在分歧的字，并没有給予足够的重視。即《合校》的“由庋”与《居》書的“曲庋”，早年筆者曾疑“庋”爲“庋”，乃存儲器物的小箱子。[1]此字作“”形，釋作“庋”字，左側仍有一筆。如果減去此筆是“”形。從字形上釋讀尚可以，但是將此物放在西北漢簡的守御器之類中又顯得不合理。因爲其右側出現的守御器是“紺胡”，一般説的是旗幟之類的東西，或作“緹紺胡”。與之一并出現的另一個詞是“曲旃”，是一種帶有彎曲的旗杆。居延漢簡釋文有：

（4）☑□曲旃一緹紺胡一靳干幡各三戍卒

☑八凡小大冊一物皆燔　　349·7

（5）曲旃紺胡各一完　　562·18

敦煌舊簡又記：

（6）☑服一

☑曲旃緹紺胡各一

☑井　　敦·1868

結合文義與西北漢簡中可能出現的辭例，我們認爲將已有釋讀的“由庋”或“曲庋”釋作“曲旃”比較合理。“由”字是“曲”字的誤釋，而“庋”字是“旃”字訛體。結合字形、字義以及西北漢簡所體現的文化内涵，釋作“曲旃”比較合理。

（7）☑百八十　給關佐邗霸☑　　116·24

本簡的“邗”字，在早年的釋讀多作“邦”字，與漢高祖劉邦的諱例牴牾。最新的釋讀改作“邗”字。

首先從這個字出現的位置來看，“邗霸”應該是人名，即“邗”是人名的姓氏。字形作“”狀，右部是“阝”部，左部完整但具體結構不明。早年釋作“邦”左部明顯不合，而作“邗”似乎又缺了點什麼。“邗”字雖不常見，但是卻避開了漢代敏感的“邦”字嫌疑。這樣的釋讀似乎較爲合理。是不是“邗”字，當然還可以再斟酌。

（8）☑府　□☑

☑職劇視事盈三☑　　210·29

本簡上下、左右殘，類似“教”類文書。右行文字“府　□”早年《合校》未釋讀，左行文字從《合校》釋讀爲“居”。今據圖版，尤其是右行的收筆非常誇張，應釋作“聞”字，而不是“府”字。“盈”字作“”形，左側字形莫辨，殘存爲右

〔1〕中國簡牘集成編委會編：《中國簡牘集成》第5册，敦煌文藝出版社，2001年，第31頁。

部，其中“皿”部基本完整，是不是“盈”字值得懷疑。即便是可以釋作“盈”字，顯然已經超出了西漢簡的時間範疇。因爲在本簡的同一捆包内出現有“王莽簡”，如始建國三年的簡 210・10，也有始建國天鳳上戊二年的簡 210・34。可能在王莽改制之後，對西漢的避諱已經有所鬆動。這一點與馬圈灣漢簡出現的“盈”字，也正好吻合。馬圈灣漢簡記：

（9）兒尚叩頭白記・聞來上日久食盡乏，願貸穀一斛，穀到奉詣前。又前計未上，甚自知

楊掾坐前，數數哀憐，恩德甚厚甚厚。又前欲遣持斛詣尹府，欲且郤陽成士　A

吏令後歸。尚意中甚不安也。事不足亂平，尹府哀小姓貧人子，久居塞外，

當爲發代，唯掾以時移視事盈歲名尹府，須以調代，代到得歸。叩頭叩頭　B

馬・244AB

本簡是兒尚給楊掾的私人書信，希望大守府考慮在邊塞服役滿歲的小吏能得到調休、歸家的機會。“穀一斛”與“尹府”都是“王莽簡”的標誌。其中的“視事盈歲”顯然是可以成立的。只是“盈”字寫法有點怪，字書與李洪財的“草字編”均未收録。[1]此字作“盈”形，“乃”部中間的“又”部分省減未書。

“盈”字因避諱改爲“滿”字的實例，在居延新簡與懸泉置漢簡均可找到例證，反過來亦可證明在西北漢簡相對集中的西漢中後期諱“盈”是存在的。這一過程又可以通過張家山漢簡使用的“盈”字，在西北漢簡中多以“滿”字代替表現出來。如：

居延新簡任職時間的長短多作“滿”，張家山漢簡作“盈”：

・臣請列侯中二千石諸侯相邊郡萬騎大守減中郎一人二☐

中者減舍人吏視事皆滿歲及得任所任犯盜☐　　EPT51∶480

視事不盈岁者，以日数计賜〈賜〉之。　　（一五一）[2]

有關制書的傳遞制度，居延新簡作“滿”，張家山漢簡作“盈”：

制書下留不下行滿一日耐爲鬼薪☐　　EPT59∶327

・制书当下而弗下、而留不行盈一日，及行制书而留之盈一日，皆罚金四两。

（二九二）[3]

懸泉置漢簡類似的字也是用作“滿”字，如：

---

〔1〕李洪財：《漢簡草字整理與研究》，吉林大學博士學位論文，2014 年。

〔2〕彭浩：《張家山漢墓竹簡（336 號）》之“功令”，文物出版社，2022 年。

〔3〕彭浩：《張家山漢墓竹簡（336 號）》之“興律”，文物出版社，2022 年。

曰論某縣署作某官盡神爵二年某月某日積滿若干歲論以來未嘗有它告劾若毄當以律減罪 Ⅰ T0309③:56〔1〕

殺長妻子家屬强盗財物商等多所知列侯吏民素豪强尤桀黠椎暴無所畏單當以時伏誅可爲設購賞有敢首匿商令到縣道官滿卅日不得捕斬後覺請如法捕父母 Ⅱ T0214②:391

且在懸泉置漢簡中即便是傳世典籍“盈”字亦諱爲“滿”字。如：

☑石斗數以卅五乘之以六十爲法而法一不滿法以法命分 Ⅴ T1410③:129

本簡類似張家山《算數書》的文字，其中的“乘之以”“不滿法以法”與張家山漢簡文例近似，而“滿”字張家山漢簡則是“盈”字。張家山漢簡竹簡記：

朮曰：二乘五十七爲法，以五乘卅七爲實，如法一錢。不盈，以法命分。〔2〕

可見西北漢簡中的“滿”與“盈”，還是要注意具體每條簡文適用的時間，西漢之外，還有東漢簡，也有兩漢之間的新莽。不同時間的用字是存在差異的。既然常見的西北漢簡中諱“盈”字爲“滿”字是常例，則早年釋讀的“邦”字不成立的可能性更大。此簡是：

（10）☑……吳卿　　解中邑郭長卿 敦・1719

此簡原來《疏》簡編號181，釋文作“解中邑邦長鄉”〔3〕，《敦煌漢簡》還没有出版，方便而常見的就是32開本《疏勒河流域出土漢簡》。到《敦煌漢簡》出版時的釋文是：

☑□□□□□□□□　　解中邑邦長卿 1719A

從IDP（“國際敦煌項目”）所附圖版來看，本簡上、右殘，“解”字以上可以補釋“吳卿”。通簡字體比較纖細，如“吳卿”作“”，“解”字無疑，而其中的“中邑”與“長卿”類似人名，即“解”是姓氏，“邦”字也是姓氏。“邦”作“”形，既爲姓氏，可釋作“郭”字。如此一來，諱“邦”例亦不存在。

本簡敦・1719，斯坦因編號T6. b. i. 202.，位於大煎都候官西南端（今名天橋墩、D4），屬於西漢中期的木簡。伴隨著此簡“邦”字的改釋，原本可能是諱例的“邦”字不復存在。職此之故，明確的“邦”字在居延新簡、金關漢簡與懸泉置漢簡中是不存在的。

〔1〕此類簡號出自甘肅簡牘博物館等編：《懸泉漢簡（壹—叁）》，中西書局，2019—2023年。超出部分簡文爲作者早年録文。下同。

〔2〕彭浩：《張家山漢簡〈算數書〉注釋》，科學出版社，2001年，第65頁。

〔3〕林梅村、李均明：《疏勒河流域出土漢簡》，第43頁。

二、居延漢簡“笴”非“笱”

2022年11月9日，“敦煌讀書班”第89期中，蘭州財經大學高啟安教授講《河西漢塞漁業方式發微——從金塔縣博物館的一件捕魚器説起》。

其中的捕魚器是金塔縣博物館收藏品，又稱“筌”。高教授還以“候粟君所責寇恩册”與肖從禮的《反笱》一文述説居延地區的漁業。[1]引起筆者注意的是高教授舉出的數例簡文，所謂的捕魚器“反笱”與“懸索”有關係。[2]懸索不就是在樹立的柃柱上拉三道繩子表示一個邊界的設施嗎？反笱在哪個部位？又有何用途呢？這是筆者的第一反應。從簡文來看，反笱與懸索關係比較密切，又如何能與捕魚有關係呢？有此疑問，核對圖版，發現“笱”字的釋讀可能存在問題。

直接將“反笱”與懸索聯係起來的簡文是肖文稱引的居延舊簡，簡文是：

（11）懸索四里二百一十步，懸索二里五十步敝絶，反笱敝☐　　52·20[3]

本簡松木，下殘，字體是規整的隸書。“懸”字漢簡中多作“縣”字，從本簡的記録來看，懸索一共長四里二百一十步，其中二里五十步破敗斷絶，“反笱”也有破損。新版的居延舊簡（《居（壹）》）釋文是“笱”，而《合校》與《甲乙編》均未釋。其出現在“懸索”之後，可能是肖文將“反笱”與“懸索”聯係起來的直接證據。

此字圖版作“ ”形，上部是“艹”還是“竹”姑且不論，下部中間殘損致左右斷開，但不是“司”形，也不是“句”形，而是“可”形。若是“竹”部即“笴”字。也就是説簡52·20的“笴”或“笱”應釋作“笴”字，即“反笱”應釋作“反笴”。

另一簡可以將“反笱（狗）”與“懸索”聯係起來的簡文是：

（12）治縣索反狗皆已成叩頭死罪死罪　　EPT59:657

本簡參照“叩頭死罪死罪”屬於上報公文書，製作懸索反狗的任務皆已經完成。懸索与反笱應該是兩個東西，而不是單獨懸索的“反笱”。此簡的“笱”字作“ ”形，可以看作是“笱”字訛體。因爲是“治縣索反狗”，極易將“反笱”作爲

---

〔1〕肖從禮：《居延新簡所見“反笱”略考——兼述“魚笱”和“石笱”》，《出土文獻研究》第15輯，中西書局，2016年。

〔2〕張俊民：《懸索與懸索關》，《史學論叢》第9輯，後收入《簡牘學論稿》，甘肅教育出版社，2014年。

〔3〕簡牘整理小組：《居延漢簡（壹）》，“中研院”歷史語言研究所，2014年。其中“笱”字，《合校》未釋讀，而肖文説引文來自《居延漢簡釋文合校》，實際上是新補釋文。

懸索的附件。但是已知的懸索是在間距2.5米左右的柱子“柃柱”上捆綁三道繩子“索”[1]，類似後世的鐵絲網作爲界限標誌，“反笱”又如何使用呢？這是最大的問題。

也有將“反笱”作爲烽隧防御用品的簡文，居延新簡簡EPT59:6，簡文記：

卒四人
（13）次吞隧長長舒　一人省
一人車父在官已見
二人見　（以上第一欄）

塢户厭破不事用負二筭
木長椄二柄長負二筭
直上蓬干柱柜木一解隨負三筭　（以上第二欄）

塢塢不塗堊負十六筭
反笱一幣負二筭
天田埒八十步不塗不負一　（以上第三欄）

縣索三行一里卌六步幣絶不易負十筭
積薪椉皆不堊負八筭
縣索緩一里負三筭·凡負卌四筭　（以上第四欄）　EPT59:6

本簡的釋文按照《集釋》的釋讀是“笱”，而其字形是“[字形]”形。早年“文物”本作“笱”，“中華”本作“苛”，《集釋》從“文物”本。上部“艹”“竹”二部易淆不論，下部與“句”還是有些差異。如果按照前簡52·20釋作“笴”字是可以的。

不過，本簡“笱”出現的位置是在其中的第三欄，在“塢塢”與“天田”之間，是不是“懸索”之物并不明確，只是防禦設備之一而已。

另一簡的“反笱”是何物更加不明確，其出現在EPT40:16，簡文是：

（14）大竹一　車蔦竹長者六枚反笱三枚車蔦短竹三十八　EPT40:16

本簡完整，所記爲“竹”器之物的數量。“笱”字早年釋作“苛”，《集釋》改作“笱”字。此字作“[字形]”形，漢簡中“竹”“艹”不分，下部的起筆是一横，與“勹”部是有差異的，下部這個字是“可”形。早年釋作“苛”，可能就是受了很多“毋苛留”釋文的影響。“苛留”之“苛”基本上都是這個字形。當然也可以釋作“笴”。“笴”是一種杆狀器，疑爲大竹可以製作的器物。數字“八”字已有釋讀均作“枚”，今據圖版改釋。

〔1〕李均明：《漢邊塞“縣索”考》，收入《耕耘録——簡牘研究叢稿》，人民美術出版社，2015年。

以上四簡，三簡屬於居延新簡，《集釋》均作“笱”字理解，居延舊簡在新的釋讀中作“笴”字。按照與“懸索”的關係遠近，一簡徑在“懸索”下，另一簡雖在“懸索”下，但可以理解爲“懸索”“反笱（狗）”是兩種東西，另二簡不明“反笱”與懸索的關係。即便是按照《集釋》“反笱”理解，懸索上如何捆係和使用“反笱”仍是一個問題。已有“反笱”的推測可能是有問題的。

> 結合上引幾條簡文，簡中的“反笱”是一種守禦器，其結構類似魚笱，埋置於天田沙土中。當人或馬靠近懸索時，一旦踏入反笱内，其足蹄則被尖鋭的倒刺勾住不能掙脱，掙扎則愈傷其足蹄，至於啼號。守禦者白天能見其人馬，夜晚亦能聞其聲而知有人馬潛入。從這點來説，反笱類似於捕獵所用的夾子。或者反笱用於套裹人或馬匹之頭。因“反笱”内置有倒刺，一旦頭被套裹上，便不能擺脱掉。[1]

基於上述檢討，我們可以看出所謂“笱”與“笴”的釋讀，從漢簡上的手寫體而言有時是很難區分的，即便是“笱”字可以成立，一些問題也不容易搞清楚。是不是埋置在天田之中，作爲陷阱使用，亦可存疑。或可釋作“笴”字，乃一種杆狀器。如果用於懸索，可能是固定三道懸索之間相互位置的木棍，力圖使之保持平衡。

以“笴”字在“中研院”歷史語言研究所的檢索系統中檢索，可以在居延舊簡中得到一例。簡文是：

（15）今爲笴外分　　居延□☑
又條外爲俱書肩☑
水倉如律令☑　　133・2B

《居（貳）》新版釋讀作：

今爲笱外分居延□□☑
又係肉正月□書□☑
飲食□治律令☑　　133・2A

據《居（貳）》圖版，早年將之作133・2B是合理，因爲現有的是習字所書，而正文則可能是“居延都尉府”。早年的“笴”變成“笱”，其字形作“[illegible]”狀，作“笱”不無道理。因爲是習字，已無深究必要。

居延漢簡中的簡521・34，其中的“笴”字才是最標準的“笴”字，不過早年曾作“笱”而被“中研院”歷史語言研究所的檢索系統承襲。具體簡文是：

〔1〕《集釋》第2册第286頁“集解”文。

（16）☐人河內葦笱一□☐　　　　521·34

本簡《合校》作“笥”，註文記“T”作“笱”，《居》作“笥”字是正確的。此字作“笥”形，且有前綴“葦”字，“葦笥”即葦草編織的方形盒子。也許正是因爲有“葦”字前綴，即便是“笥”形的EPT59:284仍釋作“笥”字。

☐☐五尺直四百五十葦笥　　　　EPT59:284

當然也有没有“葦”字前綴而釋作“笥”字的他形字。如EPT43:16“笥一合”的“笥”、EPT43:121“作笥”之“笥”等。

而我們上面例舉的兩個字前者更類“笱”，後者類“笥”。同是指一物的“大笥”在著名的居延新簡“甲渠候粟君所責寇恩册”中一作“笥”（EPF22:11），一作“笥”（EPF22:25）。由之可見“笥”字字形還是存在模棱兩可的形態。

基於上述“笥”字寫法的幾個字形，在將此字釋作“笱”“笥”都無法説清楚是何物及其使用方式的時候，再加上還有“治懸索、反狗”與“作笥”之詞，是不是可以將現有釋讀分歧的“笱”與“笥”都釋作“笥”字呢？作爲一種用具，“笥”破敝也是比較合理的。但“反笥”“反笥”又是何種物品呢？

至此，有關“笥”“笱”之辨也應該結束了，不過作者對“反笥”最初的理解并没有得到充分體現。按照“反笥”與“懸索”的關係，“反笥”是固定三道懸索距離的木杆。而從“反笱”捕魚器的本質出發，引申爲懸索或天田的附屬物，理解可能有點迂迴。要從簡牘資料的貧乏與文字書寫不規範的字體，判斷“笥”“笱”與“笥”究竟爲何物，還存在一定難度。

One of the Juyan wooden slips interpretation notes

——On the cultural life of the Han Dynasty from the interpretation of the wooden silps

Zhang Junmin

Abstract: The discovery and interpretation of the Juyan wooden slips brought people closer to their understanding of the social life of the Han Dynasty, especially in the border area. The accuracy of text interpretation is the guarantee for our research and understanding of social life. The text interpretation itself has a gradual process, and the improvement of image acquisition and publishing technology makes it possible for us to see handwriting that was originally invisible to the naked eye, and solve the original seemingly unclear text.The two characters of “急就篇”, one is an example of avoidance at that time, and the “莊” is “嚴”, which should be an example of the Eastern Han Dynasty; The other is the word “求” that should have been interpreted, but why has the interpretation been interpreted as “家”?It is worth re-exploring whether another “反笥” character that seems to have nothing to do with the fishing method is an accessory with the "懸索" form of the Great Wall of the Han Dynasty.

Keywords: the Juyan wooden slips; Northwest History and Geography; the Great Wall of the Han Dynasty; Social life

（張俊民　甘肅省文物考古研究所）

北大漢簡《蒼頡篇》解詁

蕭　旭

提　要：北大漢簡《蒼頡篇》有一些疑難詞語，需要補充論證或作重新解釋。

關鍵詞：北大漢簡　《蒼頡篇》　訓詁

北大漢簡（壹）有《蒼頡篇》殘簡，整理者朱鳳瀚。〔1〕此書出版後，時賢作了一些討論，但有些問題需要補充論證或作重新解釋。

（1）嬰但捾援，何竭負戴。（簡 3）

整理者曰：嬰，《説文》："賏，頸飾也。"《漢書·蒯通傳》顔師古注引孟康曰："嬰，以城自繞。"《文選·述祖德詩》李善注："纓，繞也。""但"可讀作儃。《説文》："儃，儃何也。"段注曰："儃何，或當作'儃回'。"《楚辭·惜誓》"固儃回而不息"，王逸注："儃回，運轉也。""儃"與"邅"通。《離騷》王逸注："邅，轉也，楚人名轉曰邅。"引申爲回轉盤旋。捾，《説文》："搯也，一曰援也。"援，《説文》："引也。"（P73）

按：整理者讀但爲儃，訓作回轉盤旋，與文辭不合。嬰，英國國家圖書館藏斯坦因所獲未刊漢簡 3311、簡 3559、水泉子漢簡同，阜陽漢簡 C037 作"被"。但，英藏漢簡 3311 同，英藏漢簡 3559"但"僅殘存右下半字形，水泉子漢簡、阜陽漢簡殘缺。周飛謂當作"被但"，云："'被'有穿、覆之義。'但'的本義應爲袒露。'被但'意義相對。"〔2〕嬰，繫繞也。但，讀作撣。《説文》："撣，提持也。"《廣雅》："撣援，牽引也。""嬰但捾援"四字義近。

（2）嫚荅蛕黑，娧姆款餌。（簡 5）

整理者曰：嫚，《説文》："材緊也。《春秋傳》曰'嫚嫚在疚'。"所引見《左傳·哀公十六年》，"嫚嫚"今作"煢煢"。《玉篇》："嫚嫚然，亦孤特也。""嫚"也有"輕麗貌"之義，見《廣韻》。荅，通"咎"，災也，病也。"咎"可假作"疚"，

〔1〕《北京大學藏西漢竹書（壹）》，上海古籍出版社，2015 年。

〔2〕周飛：《〈蒼頡篇〉研讀札記（二）》，清華大學出土文獻研究與保護中心網，2015 年 12 月 25 日。

病也。蜎，即蚊子幼蟲。"蜎蜎"是蟲類蠕動爬行之狀。同音字"駽"，是黑毛中夾雜有青毛的馬。婉，即"婏"字。《說文》："婏，宴婏也。"《玉篇》："婏，娩美也。""婏"當可讀作"婉"，有柔順之義。娒，《說文》："女師也。"此字在英國國家圖書館藏削柿本《蒼頡篇》3438簡作"冒"，音近可通。款，《說文》："意有所欲也。"餌，《說文》："鬻，粉餅也。餌，鬻或從食，耳聲。"《廣雅》："餌，食也。"《孫子·軍爭》："餌兵勿食。"此"餌"爲引誘之意。字亦通"誀"，《廣雅》："誀，誘也。"（P75—76）

許文獻據圖版改釋"婉"作"媿"，謂即"媿"字異構，又指出英藏本作"娩"。許氏說："媿"字與"愧"字互爲異構，慙也。疑"娒"字當改訓作凌辱或輕慢，可對應英藏本異文"冒"字。"款"字猶言誠懇，此義或乃上述"媿娒"之反義。疑"餌"字應改讀爲"薾"，訓作盛。"款餌"二字或作釋爲誠懇極善之意，與上文表"侮人"義之"媿娒"，適正爲待人處事誠悃與否之正反兩面。[1]

按：許氏說"媿娒"與"冒"表示侮人義，是也。英藏漢簡2986殘存"環莟蜎"三字。嬛、環，并讀作糫，俗字亦作繯、鐶，指餌餅。"莟"是"䓘"形誤，䓘從咎得聲，古音羔、高[2]，簡文讀作餻，俗字亦作糕、餻，指餌餅。《方言》卷十三："餌謂之餻。"考《玄應音義》卷五引《蒼頡篇》："粔籹，餅餌者也，江南呼爲膏糫。"又引《字苑》："粔籹，膏糫果也。"《廣韻》"粔"字條引《新字解訓》："粔籹，膏環。"[3]S.617《俗務要名林·飲食部》："膏糫：下音還。粔籹：高（膏）糫之別名。"《集韻》："糫、䴉：餌也。粔籹，吳人謂之膏糫。或從麥。"此簡"嬛䓘"讀作"糫餻"，即"膏糫""膏環"倒語，下句"餌"即復指"糫餻"而言，英藏漢簡3438"餌"作借字"珥"。蜎，讀作玆（从二玄），或省作玄，亦黑也。"玄黑"複語。"糫餻玆黑，媿娒款餌"者，謂用發黑變質的餌餅款待客人不禮貌。

（3）胡無噍類。（簡8）

整理者曰：噍，《說文》："齧也。"《漢書·高帝紀》："襄城無噍類矣。"顏師古注："無復有活而噍食者也。"（P77）

朱鳳瀚曰："噍"與"嚼"音同可通，《漢書·高帝紀》顏師古注："無復有活而

〔1〕許文獻：《北大漢簡〈蒼頡篇〉讀札——簡5"媿娒"試解》，復旦大學出土文獻與古文字研究中心網，2017年11月21日。

〔2〕參見宗福邦主編：《古音匯纂》，商務印書館，2019年，第251頁。

〔3〕《新字解訓》他書無考。檢《御覽》卷八六〇引《雜字解詁》："粔籹，膏環也。"《雜字解詁》係魏·周成所撰，《御覽》卷三九二、七七〇、八六〇、九一五、九八二凡五引，他書《書鈔》卷一五一、《類聚》卷十九、《史記·高祖功臣侯者年表》《索隱》亦有引用。疑"新"是"雜"形誤。

噍食者也。"[1]

華東師範大學中文系出土文獻研究工作室曰："無噍類"又作"無疇類""無壽類"，乃先秦秦漢習語，顔注説非。《管子·樞言》："十日不食，無疇類盡死。"郭沫若《管子集校》引許維遹説曰："《莊子·讓王篇》：'重傷之人無壽類矣。'《吕氏春秋·審爲篇》同。'壽'即'疇'之借字，'疇'亦作'噍'，《漢書·高帝紀》：'襄城無噍類矣。'注：'青州俗呼無孑遺爲無噍類。'青州古屬齊國，此齊言也。"[2]

按：説"噍類"即"疇類""壽類"，是也。"疇類"又作"儔類""醜類"，"疇"是本字，"儔"是分别字，"壽""醜"是借字，亦類也，同義複詞。[3]

（4）闊錯蹵葆。（簡 12）

整理者曰：闊，疏也，遠也。錯，通"逪"，即交錯。"蹵"通作"蹙"，迫也，有促近、逼急之義。葆，通作"保"，訓安、安守。"闊"與"錯"，"葆（保）"與"蹵（蹙）"，字義均相背。（P81）

胡平生曰：蹴，當讀爲僦，秦漢時雇傭運輸謂之僦。葆，當讀爲"城堡"之堡。僦葆，應指運輸生活軍事物資到前線之"葆（堡）"中。闊，寬，廣。"錯"或可讀爲綽，寬緩之意。是"闊錯（綽）"義近也。"闊錯蹴葆"連讀，頗疑此處"闊錯"有從容之意，"闊錯蹴葆"似乎是説從容不迫地將軍事生活物資運輸進入堡中。[4]

王寧曰：錯讀爲笮（窄），葆讀爲褒，蹵讀爲蹙。"闊笮""蹵褒"皆取相反爲義。[5]

白於藍讀"蹵葆"爲"就保"，説"'就''保'二字都有歸附、依附之義"。[6]

按：讀蹵爲蹙，讀錯爲笮，皆是也。葆讀爲偪。馬王堆漢簡《十問》："椄（接）陰之道，必心塞葆。"葆亦讀爲偪，塞也。"𠯑"隸變譌作"舌"，闊讀爲昏，字亦作括（掊）。《方言》卷十二："括，閉也。"《廣雅》："括、昏，塞也。"王念孫曰："昏者，《説文》：'昏，塞口也。古文作昏。''昏'與'括'聲相 近也。"[7]古文作

〔1〕朱鳳瀚：《北大漢簡〈蒼頡篇〉概述》，《文物》，2011 年第 6 期，第 60 頁。

〔2〕華東師範大學中文系出土文獻研究工作室：《讀新出版〈北京大學藏西漢竹書〉書後（二）》，簡帛網，2015 年 11 月 13 日。

〔3〕參見蕭旭：《吕氏春秋校補》，花木蘭文化出版社，2016 年，第 407—408 頁。

〔4〕胡平生：《讀〈蒼〉札記二》，復旦大學出土文獻與古文字研究中心網，2015 年 12 月 22 日。

〔5〕王寧：《北大漢簡〈蒼頡篇〉讀札（上）》，復旦大學出土文獻與古文字研究中心網，2016 年 2 月 22 日。

〔6〕白於藍：《簡帛古書通假字大系》，福建人民出版社，2017 年，第 132 頁。

〔7〕王念孫：《廣雅疏證》，收入徐復主編《廣雅詁林》，江蘇古籍出版社，1992 年，第 199 頁。

“昏”者，誤“口”爲“甘”耳。字亦作𦧇，《玉篇》：“𦧇，䟤也。”《廣韻》：“𦧇，䟤𦧇。”“闊錯䟤葆”四字同義，猶言偪塞、迫促。

（5）定據𧼮等。（簡12）

整理者曰：定，《説文》：“歫也。”“歫，止也。”段玉裁注：“許無拒字，歫即拒也。”按：《詩·相鼠》毛傳曰：“止，所止息也。”《爾雅》：“安，止也。”此字義與下文“據”訓“安也”可相聯繫。“歫”“據”可通。𧼮，即“𧾍”，亦即“𨓜”，亦寫作“𧺷”。《説文》：“𧺷，距也。”“距”通“拒”，相抵也，抗也，違也。等，《説文》：“齊簡也。”《漢書·郊祀志上》顔師古注：“齊，固也。”亦訓比，訓類。（P81）

王寧曰：《説文》：“定，歫也。”段注：“《考工記》：‘維角定之’，大鄭曰：‘定讀如牚距之牚。’‘牚距’即‘定歫’字之變體。……今俗字‘定’作‘撐’。”“據”當讀爲“歫（距）”，“定歫”乃同義連用成詞，馬融《長笛賦》“牚距劫遌”，蓋秦漢間有此語。“𧾍等”疑讀“躊峙”，即“峙躊”之倒語。[1]

按：歫訓距止，即相抵義，與“止息”“安止”無涉，整理者又引“等”字不同的四訓，不知所云。“𧼮”即“𧾍”，“𨓜”“𧺷”是異體字，訓抵拒，其語源是“屰（逆）”，拒也。王寧説“定據”即“牚距”是也。等，讀爲持，亦相持、抵拒義。

（6）棁祂隖闉。（簡12）

整理者曰：棁，通作“脱”，假作“蜕”，即蛇、蟬蜕皮。祂，即“虺”。《國語·吳語》韋昭注：“虺，小蛇。”隖，《説文》：“小障也。一曰庳城也。”即村落周邊之壁壘。闉，《説文》：“城内重門也。”《詩·出其東門》毛傳：“闉，曲城也。”（P81）

胡平生曰：棁，此字左旁似不從木，而應從衣。“裞”仍應讀爲“蜕”。“虺”即蝮蛇。“蜕虺”就是蛇蜕皮。[2]

王寧曰：“隖闉”疑諧音“嗚咽”，亦作“歍唈”，又作“嗚噎”“於邑”“於悒”等，均爲記音之詞，用字不同而義同。

按：胡平生説是。隖訓小障，字亦作塢、埡，音轉作堨、隔、隁、堰，指堤障。本字爲閼，取遮壅爲義。《漢書·循吏傳》：“開通溝瀆，起水門提閼凡數十處。”顔師古注：“閼，所以壅水，音一曷反。”《書鈔》卷三十九引作“堤閼”。錢大昕曰：

〔1〕 王寧：《北大漢簡〈蒼頡篇〉讀札（上）》，復旦大學出土文獻與古文字研究中心網，2016年2月22日。

〔2〕 胡平生：《讀〈蒼〉札記四》，復旦大學出土文獻與古文字研究中心網，2015年12月30日。

“提閼即隄堰也。古讀閼如焉，亦作傿（隱 ）[1]。《後漢書·董卓傳》：‘於所度水中僞立傿，以爲捕魚。’注云：‘《續漢書》傿（隱）字作堰。其字義則同，但異體耳。’又作墕……閼又有遏音，故字亦作‘遏’。《水經注》載魏《劉靖碑》云：‘以嘉平二年立遏於水道，高梁河造戾陵遏。’即戾陵堰也。《説文》無‘堰’字。《周禮·䱷人》‘掌以時䱷爲梁’，鄭司農云：‘梁，水偃也。偃水爲關空，以笱承其空。’是漢人亦作‘偃’也。”[2]王引之曰：“提閼即隄堰也。”[3]章太炎曰：“《説文》：‘閼，遮攤也，從門於聲。’古音當讀如烏（於即烏字），故隖從烏聲，訓爲小障。《漢書·召信臣傳》‘起水門提閼’，閼即隖字，所謂小障矣。”[4]《越絶書·越絶外傳記地傳》：“防塢者，越所以遏吳軍也。”防塢即是堤防，障水、障軍，其義一也。闉，讀作堙，土山也。蜕虺隖堙者，指蛇蜕皮于堤岸、土山也。

（7）鈐鏅閏悝。（簡 12）

整理者曰：《説文》：“鈐，鈐鏅，大犂也。一曰類相。”《玉篇》：“鏅，犂轄也。”[5]閏，多指閏月。“閏”同“潤”，《易經·繫辭上》：“潤之以風雨。”悝，《説文》：“啁也。”《玉篇》：“悝，憂也，悲也，疾也。”“悝”“貍”可通。“霾”則從雨，貍聲。《爾雅·釋天》：“風而雨土爲霾。”《詩·終風》：“終風且霾。”（P81）

王寧曰：此處“悝”讀爲“晦”。“閏”謂閏月，“晦”謂月終。[6]

按：鈐鏅，《廣雅》作“鈴鏅”，《急就篇》卷三作“鈐鐪”[7]，指大犂上的鐵鈎，即鎌刀也。鈐之言鉗，束持也。《説文》“鈐，一曰類相”，“類相”當乙作“相類”[8]。閏，讀爲刃。“悝”當作“梩”，即“相”，俗作“耜”。《説文》：“相，臿也。梩，[相]或從里。”刃梩，即“梩刃”，以叶韻而倒其文，謂臿刃，指犂刀。《後漢書·戴就傳》李賢注引張揖《字詁》：“鋘，臿刃也。”

〔1〕 引者按：“傿”當作“隱”，下引《董卓傳》及李注，原書即作“隱”。

〔2〕［清］錢大昕：《三史拾遺》卷三，《嘉定錢大昕全集（增订本）》第 4 册，鳳凰出版社，2016 年，第 82 頁。

〔3〕［清］王引之：《經義述聞》卷二十三，江蘇古籍出版社，1985 年，第 562 頁。

〔4〕 章太炎：《新方言》卷二，《章太炎全集（7）》，上海人民出版社，1999 年，第 67 頁。

〔5〕 引者按：《玉篇》作“鏅，犂鐯也”。

〔6〕 王寧：《北大漢簡〈蒼頡篇〉讀札（上）》，復旦大學出土文獻與古文字研究中心網，2016 年 2 月 22 日。

〔7〕《急就篇》據《玉海》本、元至元本、天壤本，皇象本、松江本、汲古閣本作“鈐鏅”，吐魯番寫本 2004TBM203：30—4f 殘存一“鏀”字。吐魯番寫本收入榮新江等：《新獲吐魯番出土文獻》，中華書局，2008 年，第 71 頁。

〔8〕 參見桂馥：《説文解字義證》、王筠：《説文解字句讀》，并收入丁福保《説文解字詁林》，中華書局，1988 年，第 13548 頁。

（8）騁虧刻柳。（簡12）

整理者曰："騁"有狂奔、飛奔之義。"虧"則可讀作"騫"，飛貌也。又"騁"有縱義，"虧"則通作"詭"。《詩·民勞》有"無縱詭隨"句。《廣雅》："刻，又爲高。"《家語》記孔子弟子有顔刻，字子驕，《史記·仲尼弟子列傳》則作"顔高"。"柳"可讀作卬或仰，高也。（P81—82）

王寧曰：騁當讀爲盈。"盈虧"乃古書常見詞語。"柳"疑當作"抑"，古通"意"。"刻意"乃古語。〔1〕

按：虧，古音戲，此讀作騎或驥。騁騎、騁驥，猶言馳馬。刻，讀作克，俗作剋。"柳"當作"抑"，按抑也。克抑，猶言抑制、控制。

（9）䭫津郖鄙。（簡13）

整理者曰："津"亦有潤澤之意。與"䭫"同爲從旨得聲字有"脂"，即動物油所凝成之膏，其性肥澤，與"津"有潤義可相聯繫。郖，從豆得聲字有"豎"，引申爲鄙稱。鄙，有鄙賤、鄙視諸義。（P82）

胡平生曰：整理者説非是。"䭫"即"稽"，留止也。"稽津"應當理解爲詣津、至津，即去到渡口。郖，似應假爲逗，訓爲留止、住留。而"鄙"是都鄙之意，是一個居民聚居區，是可以逗留居住的地方。"詣津逗鄙"四字，一對動賓詞組，意義也多少有點關聯，符合《蒼頡篇》的結構。〔2〕

按：胡説"詣津逗鄙"是動賓詞組近之。但郖讀爲投更好，投亦詣也，猶言前往、投向。鄙，郊野之地。

（10）芒陳偏有。（簡13）

整理者曰：芒，《説文》："草耑。"引申爲兵器之鋒刃，後專字作"鋩"。陳，《説文》："崖也。""陳"有邊義，與"芒"可指兵器邊刃之義有聯繫。偏，頗也，引申爲"邊""側"之意，又引申爲佐助之意。有，與"右""佑"通，有佑助之義。（P82）

王寧曰："芒陳"疑讀"荒歉"，指荒年、歉年。〔3〕

按：陳訓崖側、旁側，字亦作廉。芒讀爲旁，音轉亦作方，指邊側。《廣雅》："陳，厓也。"又："陳、厓，方也。"又："際、邊、厓、旁、陳、偏，方也。"此簡

〔1〕王寧：《北大漢簡〈蒼頡篇〉讀札（上）》，復旦大學出土文獻與古文字研究中心網，2016年2月22日。

〔2〕胡平生：《讀〈蒼〉札記七》，復旦大學出土文獻與古文字研究中心網，2016年1月4日。

〔3〕王寧：《北大漢簡〈蒼頡篇〉讀札（上）》，復旦大學出土文獻與古文字研究中心網，2016年2月22日。

“芒隒偏”三字同義連文，即《廣雅》之“旁隒偏”也。“有”表示存在。

（11）泫沄孃姪。（簡 13）

整理者曰：《説文》：“泫，湝流也。”《説文》：“沄，轉流也。從水云聲，讀若混。”“泫沄”爲雙聲疊韻聯緜詞，即水流翻騰之貌。《文選・思玄賦》：“揚芒熛而絳天兮，水泫沄而涌濤。”《玉篇》：“孃，母也。”“孃”通“娘”，即稱母親。《爾雅・釋親》：“女子謂舅弟之子爲姪。”（P82—83）

何余華曰：《説文》：“孃，煩擾也。一曰肥大也。”據陳順成、張涌泉等人研究表明，“孃”明確表示母親，大致晚至六朝至唐初始見，所以成書于秦代抄寫于西漢的《倉頡篇》中的“孃”字，所記詞項似不可能是“母親”。釋作“煩擾”或“肥大”，也許更合語言實際。[1]

按：“泫沄”是漢人成語，係“泫泫沄沄”省文。《隸釋》卷四東漢熹平三年《桂陽太守周憬功勳銘》：“滯瀨湓湓，泫沄潺湲。”董仲舒《山川頌》：“水則源泉混混泫泫，晝夜不竭，既似力者。”“混混泫泫”即此簡“泫沄”重文。讀“孃姪”爲“娘姪”，訓“孃”爲煩擾或肥大，均與“泫沄”義不相屬，其説非是（肥大義本字是“𦡄”，何氏亦未達）。孃姪，讀作“蕩泆”。《説文》：“泆，水所蕩泆也。”泆之言逸，謂水流動盪奔逸也，引申爲放恣義。字或作佚，《玄應音義》卷十六注引《蒼頡篇》：“佚，蕩也。”“蕩泆”亦作“蕩佚”“蕩逸”“唐佚”“踼跌”，倒言則作“泆蕩”“泆湯”“佚蕩”“佚傷”“佚惕”“佚婸”“劮婸”“逸蕩”“迭遏”“詄蕩”“佚宕”，轉語作“跌踼”“跌蕩”“跌宕”。

（12）髳弟経枲。（簡 13）

整理者曰：髳，《説文》：“髳或省。漢令有髳長。”《説文》：“髳，髮至眉也。”通作“髦”。弟，《説文》：“山脅道也。”《爾雅》：“覭髳，茀離也。”郭璞注：“謂草木之叢茸翳薈也。茀離即彌離，彌離猶蒙蘢耳。”経，即服喪期間繫在頭上或腰間的麻帶。枲，不結籽之麻。（P83）

按：整理者引“髳弟”各義，不知所云。“経枲”即“枲経”，以叶韻而倒其文，謂麻経、麻帶。髳，讀作幏，俗作幪，謂覆頭之巾。弟，讀作紼，謂引棺之繩。

（13）鵰煦窅閣。（簡 14）

整理者曰：鵰，《説文》：“目孰視也。讀若雕。”鵰可讀作雕、鵰。《文選・魯靈光殿賦》“仡欺猥以鵰䀝”，李善注：“鵰䀝，如鵰之視也。”䀝，直視。“鵰䀝”即

〔1〕何余華：《北大藏漢簡〈倉頡篇〉研讀札記（一）》，簡帛網，2015 年 12 月 4 日。

如鵰以其深目而直視，因其陰森而使人恐懼。故《文選·蜀都賦》有“鵩鶚𩿧其陰”句。“煦”通作“眗”，可讀作“眗”，《集韻》引《埤蒼》曰：“眗，目深皃。”字或作“瞘”“賰”。窅，《説文》：“深目也。”閣，《説文》：“所以止扉也。”（P83）

王寧曰：疑此句當作“鵰窅煦閣”，抄手將中間二字誤倒。“鵰窅”當即《説文》之“窵窅”，訓“深也”；“煦閣”當即“煦煆”。《方言》卷七：“煦、煆，熱也，乾也。吴、越曰煦煆。”[1]

按：《蜀都賦》“熊羆咆其陽，鵰鶚鴪其陰”，“陰”與“陽”對舉，分別指山北、山南，整理者引以證其“陰森”説，是讀不懂《蜀都賦》而亂引。王寧前説是，後説誤矣。《説文》：“窵，窵窅，深也。”窵窅，幽深貌、深邃貌。轉語作“窅窔”，《説文》：“窔，窅窔，深也。”又：“窅，冥也。”又轉作“裊窕”，狀水之深邃。杜甫《渼陂行》：“半陂已南純浸山，動影裊窕冲融間。”煦，温暖也。閣，同“閤”，指卧室。煦閣，猶言暖閤、温室。鵰窅煦閣，形容其卧房高大深邃。

（14）穗稍苦姎。（簡 14）

整理者曰：稍，《説文》：“麥莖也。”苦，《説文》：“蓋也。”姎，《説文》：“得志姎姎。一曰：姎，息也。”同音字有“匧”，藏也。此外，“姎”與“盍”“闔”“蓋”均音同或音近。（P84）

按：苫，讀作霑，亦省作沾。姎，讀作浹，音轉亦作洽。《説文》：“洽，霑也。”“沾洽”是漢人成語。《後漢書·杜篤傳》：“今國家躬脩道德，吐惠含仁，湛恩沾洽，時風顯宣。”《後漢紀》卷十五：“故能化澤沾洽，天下和平。”簡文“沾洽”是潤澤、浸潤義，是説麥穗麥莖皆受時雨潤澤。

（15）挾貯施褭。（簡 14）

整理者曰：挾，《説文》：“俾持也。”《爾雅》：“挾，藏也。”“挾”通“匧”，《説文》：“匧，椷藏也。”貯，《説文》：“積也。”《玉篇》：“貯，盛也，積也，福也，藏也。”施，《説文》：“旗皃。”《詩·何人斯》“我心易也”，《釋文》：“《韓詩》作‘施’。施，善也。”褭，即“褭”，同“衵”。字可讀作“弔”，善也。（P84）

按：《詩》“我心易也”，“易”是平夷喜悦義，《韓詩》作“施”者，“施”是“易”音轉。説“挾貯”是積藏義，得之。施，予也，與也。褭，讀作弔，多嘯切，慰問也。“施弔”指贈物以慰問。（弔訓善者，都歷切，實“淑”借字）

〔1〕王寧：《北大漢簡〈蒼頡篇〉讀札（上）》，復旦大學出土文獻與古文字研究中心網，2016年2月22日。

（16）狄署賦賨。（簡 14）

整理者曰：狄，《説文》："赤狄本犬種。"《詩・泮水》鄭玄箋："狄當作剔。剔，治也。"《廣雅・釋詁三》："狄，敓也。"《釋詁四》："敓，置也。"署，《説文》："部署。"《玉篇》："署，置也，書檢也，部署也。"賦，税也。賨，蠻賦也，税也。按此字亦見"漢兼"章"戎翟給賨"，此重出。（P84）

按：《廣雅・釋詁四》："署，置也。"下條云："敓，轉也。"整理者竟誤引作"敓，置也"，粗疏已甚！此簡"狄"同"翟"，即指犬種赤狄，阜陽漢簡《蒼頡篇》簡 C079 作借字"惕"。署，讀作予，猶言供給。《釋名》："署，予也，題所予者官號也。""狄署賦賨"即"戎翟給賨"義。

（17）贛害輟感。（簡 15）

整理者曰："贛""陷"音近同，可通假。害，傷害。輟，止也。"感""咸"音近可通。《爾雅》："咸，皆也。"郝懿行曰："咸，盡之也。""咸"亦可讀作"緘"，束也，亦有封閉之意。"咸""緘"均可以"皆"（盡之）與"束"義和"輟"訓"止"在字義上相聯繫。（P84）

王寧曰：原整理者讀"贛害"爲"陷害"，甚是。疑"輟感"諧音"歠歙"，亦作"啜飲"。[1]

按：贛，讀作戇，音轉亦作憨。《文選・射雉賦》"山鷩悍害，猋迅已甚"，徐爰注："鷩雉……其性悍戾憨害，飛走如風之猋也。"徐爰以"憨害"釋"害"。蔣斧印本《唐韻殘卷》："憨，害也。"P.2011 王仁昫《刊謬補缺切韻》、S.6176V《箋注本切韻》同。簡文"贛害"即"憨害"，同義複詞，指性情愚急、性急易怒。"害"是"忦""齘"聲轉，亦急怒也。《方言》卷二："齘，怒也。"《集韻》："忦，急也。"輟，讀作娺。《説文》："娺，疾悍也。"謂性急凶暴。段玉裁曰"敏疾而勇也"[2]，非是。《廣雅》："娺，怒也。"裴務齊《正字本刊謬補缺切韻・入聲》："娺，嫉（疾）捍（悍）。"《戰國策・燕策三》："簡棄大功者輟也，輕絶厚利者怨也。輟而棄之，怨而累之。"《新序・雜事三》二"輟"作"仇"。輟亦讀作娺，怒也。鮑彪注"輟，止也"，非是。感，讀作憾，恨也。

（18）橘蘨萋苞。（簡 16）

整理者曰："蘨"通"柚"。《詩・七月》毛傳："萋，萋草也。""萋"有茂盛之

〔1〕王寧：《北大漢簡〈蒼頡篇〉讀札（上）》，復旦大學出土文獻與古文字研究中心網，2016 年 2 月 22 日，。

〔2〕［清］段玉裁：《説文解字注》，上海古籍出版社，1981 年，第 623 頁。

意。苞，茂盛之意。（P86）

何余華曰："苞"指可以編製席子或草鞋的一種草本植物，"葽"指葽草。[1]

按：讀蘨爲柚，是也。葽，讀作要（腰），指細腰棗，後出專字作樏。《爾雅·釋木》"邊要棗"，郭璞注："子細胷，今謂之鹿盧棗。"《釋文》："要，一遙反，注同，字或作樏。"苞，讀作匏，瓠也，指壺棗。《爾雅》"壺棗"，郭璞注："今江東呼棗大而鋭上者爲壺。壺猶瓠也。"《釋文》引孫炎曰："棗形上小下大似瓠，故曰壺，音胡。"簡文"葽苞"指大、小二種棗名，與"橘柚"指果名相類。

（19）婺鬘寡擾。（簡16）

整理者曰：婺，《説文》："侮易也。"鬘，從"莫"得聲的字有"漠"，有冷漠、冷淡之義，此義與"婺"讀作"傲"字義可聯繫。《説文》："寡，寡寡不見也。一曰寡寡不見省人。"段玉裁認爲後一"見"字衍，注曰："寡與𡶒音義皆同。《毛詩》'綿綿'，《韓詩》作'民民'，皆謂密也，即寡寡不見之意。"又"𡶒"通"矈"，《爾雅》："矈，密也。"擾，煩也。"煩"音與"𡶒"極近。"煩"亦通"繁"。（P86）

按：婺鬘，讀作"傲慢"。寡，讀作邊。邊擾，即"擾邊"，以叶韻而倒其文，指侵擾邊境。

（20）嫛皶嬈嬉。（簡16）

整理者曰：嫛，《説文》："易使怒也。""易"讀作"傷"，輕慢也。《廣韻》："嫛，輕薄之貌。"皶，《説文》："赤黄也。一曰輕易人皶姁也。從黄，夾聲。"段玉裁認爲"易"當作"傷"，注曰："侮者，傷也。傷者，輕也。此謂輕侮人者，其狀皶姁也。"朱駿聲《通訓定聲》："皶，假借爲狎。""狎"有戲弄之義。嬈，《説文》："苛也。一曰擾，戲弄也。一曰嫐也。"嬉，《説文》："好枝格人語也。一曰靳也。"（P86）

按：嫛，《説文》"嫛"訓易使怒也，"易"是"容易"之"易"，整理者讀作"傷"，大誤。裴務齊《正字本刊謬補缺切韻·添韻》《廣韻·添韻》"皶"音許兼反，《説文繫傳》音曉鹽反，則其字當從"夾"（從二入）得聲，非從"夾"（從二人）得聲。許慎注所謂"皶姁"，即"陝輸"（《後漢書·列女傳》）、"閃揄"（《後漢書·趙壹傳》）轉語[2]，益足證其字當從"夾"也。朱駿聲讀皶爲狎，非是。白於藍徑讀此簡皶爲狎[3]，亦誤。

---

〔1〕何余華：《北大藏漢簡〈倉頡篇〉研讀札記（一）》，簡帛網，2015年12月4日。

〔2〕參見［清］方以智：《通雅》卷六，收入《方以智全書》第1册，上海古籍出版社，1988年，第264頁。［清］段玉裁：《説文解字注》，上海古籍出版社，1981年，第698頁。

〔3〕白於藍：《簡帛古書通假字大系》，福建人民出版社，2017年，第929頁。

（21）鞫竂訏窬。（簡 18）

整理者曰:《説文》無“鞫”字有“簕”字，曰:“窮理罪人也。”段玉裁認爲此字俗作“鞫”。字作“鞫”，窮也。竂，《説文》:“穴中見也。”桂馥《義證》曰:“‘見’當爲‘皃’。”字通“𥨐”，《説文》:“𥨐，口滿食。”朱駿聲《通訓定聲》曰:“猶窒也。”訏，《説文》:“詭譌也。”窬，即“窬”。《説文》:“窬，穿木户也。”《三蒼》曰:“窬，門邊小竇也。”“訏窬”二字相連，或即可讀作“汙窬”。《説文》:“窳，污窬也。”“污窬”即“汙窬”。汙，《説文》訓爲“薉也，一曰小池爲汙”，即不流動的濁水。“窬”通“竇”，即空洞。所以“汙窬”即污水坑。如桂馥《義證》所言:“污窬，謂空竇納污也。”本句四字，如將“訏窬”讀作“汙窬”，即皆有閉塞之意。（P88）

按：整理者取桂馥説“污窬，謂空竇納污”，非是。又説“汙窬”即污水坑有閉塞之意，亦不知何謂。《爾雅・釋詁》《釋文》:“汙窬，猶汙邪也。”段玉裁亦指出:“汙窬，蓋與‘汙衺’同，亦謂下也。”〔1〕“汙窬”即“汙窳”，是“汙衺”轉語。《説文》:“窊，汙衺，下也。”低下之義。“鞫”訓窮治罪人。竂，讀作屈，屈服、困窘、治理也。訏窬，疑讀作“姁媮”“呴俞（喻）”“呴愉”，和悦皃。《莊子・駢拇》:“呴俞仁義。”《文選・舞賦》“姣服極麗，姁媮致態”，李善注:“姁媮，和愉貌。”又音轉作“忲愉”，《方言》卷十二:“忲愉，悦也。”郭璞注:“忲愉，猶呴愉也。”

（22）畻籥陘沙。（簡 19）

整理者曰：畻，字亦作“塍”，即田埂，又訓作隄。籥，《説文》:“書僮竹笘也。”字通“闟”，即用以關閉門的直閂。陘，《説文》:“耕以臿浚出下壚土也。一曰耕休田也。”又，《廣雅》:“陘，隄也。”沙，《説文》:“水散石也。”又，“陘”“闟”音近可通。“闟”與“鎖”義近，“沙”“鎖”亦相通。（P88—89）

按：簡文疑當乙作“畻（塍）陘籥沙”。“畻（塍）陘”指界、隄，“籥沙”指闟鎖。《玉篇殘卷》引《蒼頡篇》:“陘，界也。”P.2011 王仁昫《刊謬補缺切韻・笑韻》:“陘，隄。”《廣韻》:“陘，隄也，界也。”《集韻》:“陘，一曰瓜塍。”

（23）遮迣沓詾。（簡 19）

整理者曰：遮，遏止、攔住。迣，《説文》:“迾也。晉、趙曰迣。”《玉篇》曰:“迣，超逾也。”沓，《説文》:“語多沓沓也。”字亦作“誻”，多言也。詾，《説文》:“往來言也。”（P89）

〔1〕［清］段玉裁:《説文解字注》“窳”字條，上海古籍出版社，1981 年，第 345 頁。

按：整理者未得“迣”字之誼。《説文》“迣，迾也”是聲訓。《説文》又曰“迾，遮也”，亦是遮攔之義，迾音剌。《廣雅》：“迣，遮也。”至於《玉篇》“迣”訓超逾者，則是“趧”借字。“遮迣”是漢人成語，同義複詞。《漢書・鮑宣傳》：“部落鼓鳴，男女遮迣。”聲轉則作“遮迾”，《後漢書・輿服志上》：“遮迾出人。”《文選・赭白馬賦》李善注引服虔《通俗文》：“天子出虎賁伺非常，謂之遮迾。”又省作“遮列”，《類聚》卷七十四馬融《圍棊賦》：“緣邊遮列兮，往往相望。”《周禮・山虞》鄭玄注引鄭司農曰：“厲，遮列守之。”《禮記・玉藻》鄭玄注：“列之言遮列也。”

（24）葬墳鬑獫。（簡 19）

整理者曰：鬑，《説文》：“鬋也。一曰長皃。讀若慊。”“鬋，女鬢垂貌。”“慊”亦可讀作“謙”，謙讓也。獫，《説文》：“犬吠不止也。讀若檻。一曰兩犬争也。”（P89）

按：整理者説不知所云。“鬑獫”疑本作“鬑鬑”，下字“獫”是誤書。“鬑”取《説文》“長皃”之訓。鬑鬑，鬢髮稀疏而長貌。S.2071《切韻箋注》、裴務齊《正字本刊謬補缺切韻》并云：“鬑，鬢髮踈。”《宋書・樂志三》古樂府《豔歌羅敷行》：“爲人絜白皙，鬑鬑頗有鬚。”〔1〕音轉則作“髻鬑”，《玉篇》《廣韻》并云：“髻，髻鬑，鬢髮疏薄皃。”考《説文》：“溓，薄水（冰）也。”〔2〕《文選・寡婦賦》李善注引《説文》：“溓溓，薄冰也。”《説文》：“鎌，讀若風溓溓。”又：“穅，讀若風廉之廉。”《國語・晉語一》“嗛嗛之德”，韋昭注：“嗛嗛，猶小小也。”《玉篇殘卷》“謙”字條引作“謙謙”，又引賈逵曰：“謙謙猶小小也。”《靈樞經・逆順肥瘦》：“瘦人者，皮薄色少，肉廉廉然，薄脣輕言。”《後漢書・五行志》：“桓帝之初，京都童謠曰：‘……石上慊慊春黄粱。’〔3〕……石上慊慊春黄粱者，言永樂雖積金錢，慊慊常苦不足，使人舂黄粱而食之也。”鬢髮稀疏曰鬑鬑，冰薄曰溓溓，風薄亦曰溓溓，肉薄曰廉廉，心有所不足曰慊慊，恭讓曰嗛嗛、謙謙，其義一也。《釋名・釋用器》：“鎌，廉也，體廉薄也。”廉亦薄也。《廣雅》：“歉，少也。”禾稀疏曰穅，禾黍稀疏曰穛，草木稀疏曰槏，皆後出分别字。簡文“鬑鬑”指墳墓稀疏貌。

（25）支亥牒膠。（簡 20）

---

〔1〕《類聚》卷四十一引“鬑鬑”誤作“鬢鬢”。

〔2〕《玉篇殘卷》引同。“水”是“氷”形誤，即“冰”字。《繫傳》正作“氷”，宋・樓鑰《攻媿集》卷六十六《答趙郎中崇憲書》引唐本《説文》作“冰”。

〔3〕《玉臺新詠》卷九、《類聚》卷四十三引“慊慊”誤作“膴膴”。

整理者曰："袤"通"懋"，盛美之意，讀同"茂"。"支袤"可讀作"枝茂"。牒，《說文》："札也。"假借爲"諜"，伺也。膠，《說文》："昵也。"《方言》卷三："膠，詐也。"（P90）

按：整理者讀"支袤"爲"枝茂"，可備一説。"茂"古字作"楙"，木盛也。但整理者説"牒膠"，白於藍從之讀牒爲諜[1]，非是。牒，讀作葉，與"支（枝）"對舉。膠，讀作僇。《方言》卷二："僇、泡，盛也，自關而西、秦晉之閒語也。陳宋之閒曰僇，江淮之閒曰泡。"

（26）竊鮒鰿鮹。（簡 20）

整理者曰："竊"從糲聲而讀與"竊"同。"竊"在西漢後譌變作"竊"。《周禮·地官·山虞》："凡竊木者，有刑法。"鄭玄注："竊，盜也。"《爾雅·釋獸》："虎竊毛，謂之虦貓。"郭璞注："竊，淺也。"鮒，鯽魚。鰿，黑魚。鮹，魚子已生者。（P90）

按：整理者既説"竊"讀與"竊"同，又説"竊"在西漢後譌變作"竊"；既訓竊爲盜，又訓爲淺。不知其究欲何取？"鮒鰿鮹"三者皆是魚名，説"竊"即"竊"，甚爲不倫。竊從糲得聲，疑讀爲鱴（鰳），俗字又作鯏（鮤），指鮰魚。《説文》："鱴，魚名。"《集韻》引"鱴"作"鯏"。

初稿作於 2021 年春

2023 年 3 月 23 日稍作修訂

Interpretation of the *Cangjie Pian* in the Han Bamboo Slips of Peking University

Xiao Xu

Abstract: There are some difficult words in the *Cangjie Pian* of the Han bamboo slips of Peking University that need to be supplemented with argumentation or reinterpreted.

Keywords: Peking University Han Bamboo Slips; *Cangjie Pian*; Exegesis

（蕭旭　靖江市廣播電視臺）

〔1〕 白於藍：《簡帛古書通假字大系》，第 141、788 頁。

也談里耶秦簡 5-1 號簡的一處斷句

——兼談歸納簡牘文例要注意的兩個問題

趙 岩

提 要：里耶秦簡 5-1 號簡中的“縣官”應該上屬還是下屬，存在不同的斷讀意見，關涉對“具獄”“縣官”等詞的理解及“續食簡牘”文例的整理、辨析。本文認爲將“縣官”上屬不符合“具獄”的文例，語義上也講不通，“縣官”仍應下屬構成“縣官食盡甲寅”的結構。5-1 號簡未見從事“具獄”事務的目的地，是因爲後文“傳”的抄寫移送期限對相關信息有所補足。部分同性質的續食簡牘“食盡某日”前不見“縣官”，是表述上的省略而已。這提示我們歸納簡牘文例要注意文例的適用性與文例的變量。

關鍵詞：里耶秦簡 斷句 具獄 縣官 文例

里耶秦簡 5-1 號簡作爲《里耶秦簡（壹）》中的第 1 枚簡牘，保存較好，內容豐富，引用、討論者衆多。簡文具體如下：[1]

（1）元年七月庚子朔丁未，倉守陽敢言之：獄佐辨、平、士吏賀具獄，Ⅰ縣官食盡甲寅，謁告過所縣鄉以次續食。雨留不能投宿，齎。[2] Ⅱ來復傳。零陽田能自食。當騰期卅日。敢言之。/ 七月戊申，零陽Ⅲ龏移過所縣鄉。齮手。/ 七月庚子朔癸亥，遷陵守丞固告倉嗇夫：Ⅳ以律令從事。/ 嘉手。Ⅴ（里耶秦簡 5-1）

---

〔1〕在整理者所做釋文的基礎上，參考了陳偉、鄔文玲等的意見。（湖南省文物考古研究所：《里耶秦簡（壹）·釋文》，文物出版社，2012 年，第 3 頁；陳偉主編：《里耶秦簡牘校釋（第一卷）》，武漢大學出版社，2012 年，第 1 頁；鄔文玲：《里耶秦簡所見“續食”簡牘及其文書構成》，《簡牘學研究》第 5 輯，甘肅人民出版社，2014 年，第 1—8 頁）有争議的釋文在下文以腳注的形式標注。

〔2〕陳偉讀爲“雨留不能投宿齎”，（陳偉主編：《里耶秦簡牘校釋（第一卷）》，第 1—3 頁）陳垠昶讀爲“雨，留，不能投宿，齎”，（陳垠昶：《里耶秦簡 8-1523 編連和 5-1 句讀問題》，簡帛網，http://www.bsm.org.cn/show_article.php?id=1794，2013 年 1 月 8 日）鄔文玲讀爲“雨留不能，投宿、賫”，（鄔文玲：《里耶秦簡所見“續食”簡牘及其文書構成》，第 2—4 頁）齊偉玲讀爲“雨留不能投宿，齎”，（齊偉玲：《里耶秦簡續食簡解疑》，《楚天法治》，2016 年第 8 期，第 165—166 頁）我們的斷讀與齊偉玲相同，但依據不同，另文詳述。

七月癸亥旦，士五（伍）臂以來。/嘉發。Ⅰ[1]遷陵食辨、平盡己巳旦□□□遷陵。Ⅱ（5-1背）

本文要討論的是第1句中的1處斷句。陳偉等在“具獄”與“縣官”間斷逗號[2]，陳垠昶則將“縣官”屬上讀，在“縣官”後斷逗號[3]。近年來論者採用後説者漸多，如曾專門討論“續食簡牘”的鄔文玲、余津銘等都同意陳垠昶的意見。[4]當然，也有少數學者沿用了陳偉等的意見，但未見言明依據者。我們認爲陳偉等的斷讀意見更合理，以下就來談談我們的認識。

一

將“縣官”屬上讀，主要的依據是以下兩枚性質相近的里耶“續食簡牘”：

（2）卅五年二月庚申朔戊寅，倉【守】擇敢言之：隸【妾】饒爲獄行辟書彭陽，食盡二月，謁告過所縣鄉以次牘（續）食。節（即）不能投宿，齎。遷陵田能自食。未入關縣鄉，當成螸，以律令成螸。來復傳。敢言之。（里耶秦簡8-169+8-233+8-407+8-416+8-1185）

（3）卅五年三月庚寅朔辛亥，倉銜敢言之：疏書吏、徒上事尉府者牘北（背），食皆盡三月。遷陵田能自食。謁告過所縣，以縣鄉次續食如律。雨留不能投宿，齎。當騰騰。來復傳。敢言之。（里耶秦簡8-1517）

陳垠昶認爲：“從上引兩條中的‘辟書彭陽’‘上事尉府’對比可知，5-1中‘具獄’爲事由，‘縣官’爲目的地，因此‘具獄縣官’當連讀。”[5]但是，“行辟書”“上

[1] 該列在背面左側，整理者將該列作爲第2列，（湖南省文物考古研究所：《里耶秦簡（壹）·釋文》，第3頁）鄔文玲提出它是倉嗇夫處的收文記録，右列是倉嗇夫處對遷陵守丞文書命令的執行情況匯總記録，當是倉嗇夫事後補書作爲備案，背面右列文字應該置於最後。（鄔文玲：《里耶秦簡所見“續食”簡牘及其文書構成》，第5—6頁）鄔文玲對列序的處理是正確的。要注意的是，該收文記録顯示由“嘉”打開，而正面最後的“嘉手”顯示縣廷發給遷陵倉的指示是由“嘉”書寫的。因此，這個收文記録應該是遷陵縣廷對零陽縣發來的文書的記録。“嘉”在縣廷工作，癸亥日旦時由他打開零陽縣文書，交給縣丞處理後，書寫了發給遷陵倉的指示。這樣，這封文書是遷陵縣廷的處理記録，背面第2列也并非遷陵倉的補書，而是遷陵縣廷的補書。

[2] 陳偉主編：《里耶秦簡牘校釋（第一卷）》，第1頁。

[3] 陳垠昶：《里耶秦簡8-1523編連和5-1句讀問題》，簡帛網，http://www.bsm.org.cn/show_article.php?id=1794，2013年1月8日。

[4] 鄔文玲：《里耶秦簡所見“續食”簡牘及其文書構成》，第3頁；余津銘：《里耶秦簡續食簡研究》，《簡帛》第16輯，上海古籍出版社，2018年，第133頁。“續食簡牘”的概念是由鄔文玲提出的。（鄔文玲：《里耶秦簡所見“續食”簡牘及其文書構成》，第1頁）

[5] 陳垠昶：《里耶秦簡8—1523編連和5—1句讀問題》，簡帛網，http://www.bsm.org.cn/show_article.php?id=1794，2013年1月8日。

事”後接目的地并不能證明“具獄”後一定也應存在目的地。試看如下記載：

（4）卅四年十二月倉徒簿冣。大隸臣積九百九十人。小隸臣積五百一十人。大隸妾積二千八百七十六……男卅人與史男具獄……男十八人行書守府……男卅人與史謝具獄……女六十人行書廷……女七人行書酉陽。（里耶秦簡10-1170）

這是始皇三十四年（前213）十二月倉徒簿的數據匯總。與例（2）中的“行辟書彭陽”類似，例（4）中出現3次的“行書”均後加目的地，而出現2次的“具獄”則均未見説明目的地。在里耶秦簡中，常見“行書”後接目的地的情況[1]，如：

（5）今隸妾益行書守府，因止，令益治邸代處。（里耶秦簡8-904+8-1343）

（6）二人行書咸陽：慶，適☐（里耶秦簡8-2111+8-2136）

“上事”出現時則全部後接目的地，如：

（7）九人與吏上事守府。（里耶秦簡8-681）

（8）一人與吏上事泰（太）守府。（里耶秦簡8-1586）

“具獄”則未見後接目的地。因此，至少在里耶秦簡中，“具獄”的文例與“行某書/行書”“上事”存在差異，這是需要引起我們重視的。里耶秦簡中也可見到“具獄+地名”的情況，如：

（9）具獄酉陽獄史治所。（里耶秦簡9-1499）[2]

該簡下端呈倒三角形，從形製和内容看屬於檢[3]，署明了某文書要送達的目的地即“具獄酉陽獄史”的治所。“具獄+地名”結構中的地名，并非目的地。里耶秦簡中有如下辭例：

（10）酉陽具獄獄史治所。（里耶秦簡9-1704）

（11）廿七年八月甲戌朔壬辰，酉陽具獄獄史啟敢□☐（里耶秦簡8-133）

例（10）簡下端呈倒三角形，也屬於檢，内容也是某文書傳遞的目的地即酉陽縣具獄獄史的工作場所。可以肯定的是，本簡中的酉陽是獄史所屬的機構。類似的結構還見於例（11）。例（9）中的“具獄酉陽獄史”與“酉陽具獄獄史”意義相

〔1〕“行書”後也存在不加目的地的情況，如9-2341號簡載：“一人行書。”

〔2〕劉自穩：《讀里耶秦簡札記》，簡帛網，http://www.bsm.org.cn/?qinjian/8090.html，2019年5月28日。

〔3〕里耶秦簡中的“檢”的形製、内容可參姚磊的《〈里耶秦簡（壹）〉所見“檢”初探》。（姚磊：《〈里耶秦簡（壹）〉所見“檢”初探》，簡帛網，http://www.bsm.org.cn/show_article.php?id=2407，2015年12月28日）陳偉推測此類平板狀物件秦簡自稱爲“署”，而“檢”指帶有封泥槽的舊稱“封檢”者。（陳偉：《秦簡牘校讀及所見制度考察》，武漢大學出版社，2017年，第48—58頁）吳方基有類似觀點。（吳方基：《里耶秦簡“檢”與“署”》，《考古學集刊》第22輯，社會科學文獻出版社，2019年，第158頁）這裏暫時沿用舊説。

同，具獄是獄史從事的事務，酉陽是其所屬機構，故可顛倒二者的語序而不影響文義。這種顛倒“具獄”與“地名”的情況還見於長沙走馬樓西漢古井出土簡牘：

（12）三年六月乙丑具獄昭陵獄史削爰書……（長沙走馬樓西漢簡牘 133）

陳松長指出：“簡文在‘具獄’和‘獄史’之間還插入了一個縣名‘昭陵’，但其簡文的意思并没什麼變化，意思還是昭陵具獄獄史，只是簡文將‘獄史’的修飾詞作了錯位處理而已。”[1]我們同意這一看法。

“行某書/行書”中的“行”義爲傳遞，“上事”中的“上”義爲上呈、匯報，“行”與“上”後接雙賓語，“行”“上”與所搭配的地名或機構名的關係，是述語與間接賓語的關係，地名或機構名是“文書”或“事”的接收方。“具獄”的性質則與“行辟書”“上事”不同。“具獄”，整理者認爲指“案件審結後記録呈報”[2]，馬怡認爲指“定案或據以定罪的全部案卷”[3]，陳偉認爲“似亦指完成獄案文書”[4]。陳偉的意見大體可從。“具”是動詞，在這裏指備辦，不能後接地名或機構名作爲間接賓語。類似的結構還有“具事”，用例如：

（13）癸亥之鄢具事。（岳麓書院藏秦簡《二十七年質日》49）

（14）丙辰騰之益陽具事。（岳麓書院藏秦簡《三十四年質日》20）

整理者懷疑這裏的“具事”義爲“做事，辦事”[5]，大體可從。值得注意的是，當陳述“具事”的場所時，採用的是“之某+具事”的結構。

此外，傳世漢代文獻中的“具獄”多爲名詞義，指完備的案卷[6]，如：

---

〔1〕陳松長：《長沙走馬樓西漢古井出土簡牘概述》，《考古》，2021年第3期，第101頁。

〔2〕湖南省文物考古研究所，湘西土家族苗族自治州文物處：《湘西里耶秦代簡牘選釋》，《中國歷史文物》，2003年第1期，第10頁。

〔3〕馬怡：《里耶秦簡選校（連載一）》，簡帛網，http://www.bsm.org.cn/show_article.php?id=86，2005年11月14日。

〔4〕陳偉主編：《里耶秦簡牘校釋（第一卷）》，第2頁。

〔5〕陳松長主編：《岳麓書院藏秦簡（壹—叁）釋文修訂本》，上海辭書出版社，2018年，第7頁。

〔6〕《漢語大詞典》概括有兩個義項：備文定案，據以定罪的全部案卷。其中前者所舉首例爲《漢書·于定國傳》：“吏驗治，孝婦自誣服。具獄上府。”完整的辭例爲：“吏驗治，孝婦自誣服。具獄上府，于公以爲此婦養姑十餘年，以孝聞，必不殺也。太守不聽，于公争之，弗能得，乃抱其具獄，哭於府上，因辭疾去。”前一個“具獄”可與後一個“具獄”一樣理解爲名詞，指官吏驗治後製作的案卷。類似的可能有争議的例證還有《史記·酷吏列傳》：“湯（張湯）掘得盜鼠及餘肉，劾鼠掠治，傳爰書，訊鞫論報，并取鼠與肉、具獄，磔堂下。”早期一般將“具獄”與“磔堂下”連讀。王強提出“具獄”爲名詞，指“獄案成後其事之備具”是取得的賓語之一，主張在“肉”與“具獄”間斷頓號，在“具獄”後斷逗號。（王強：《〈史記〉標點正誤一則》，《史學月刊》，1992年第6期，第20頁）趙生群、吴新江認爲王強的意見近是，但斷爲“并取鼠與肉，具獄，磔堂下。”（趙生群、吴新江：《〈史記〉標點芻議（四）》，《文史》，2016年第2期，第262—263頁）

（15）持頭還，并皆縣頭及其具獄於市。（《漢書·何并傳》）[1]

（16）具獄者，獄案已成，其文備具也。（《漢書·于定國傳》顔師古注）

"具"强調案卷的完備。再如：

（17）縣道官所治死罪及過失、戲而殺人，獄已具，勿庸論，上獄屬所二千石官。（張家山漢墓竹簡《二年律令·興律》396）

"獄已具"中的"具"正取完備義，且充當"獄"的述語。綜合來看，例（1）中充當述語的"具獄"，"具"雖用作備辦義，但詞義中可能仍有義素"完備"，强調使案件材料完備。正因爲"具"的語義特徵，使得"具獄"與"行辟書""上事"的文例不同，"具獄"不後接地名或機構作爲間接賓語。[2]

二

如果將"縣官"理解爲目的地，語義上很難講得通。陳垠昶認爲："這裏縣官可指零陽縣以外的縣廷、郡府，或是中央政府，8—461 中有'王室曰縣官'，王室即指當時的中央朝廷。"[3] 楊振紅指出："先秦時期三條史料中的'縣官'均指一級地方行政機構——縣的官府或官吏。漢代文獻中的'縣官'多數指天子或國家，但個別情况下也指郡縣之縣的官府或官吏。"[4] 我們同意楊振紅的意見，可排除縣官指郡府的可能。

秦漢簡牘文獻中"縣官"可指縣級官署，但例（1）中的"縣官"如作爲目的地，指的是零陽縣之外的縣，如遷陵等，秦漢文書中表述類似的情况一般用"它縣官"，以區别於本縣，如：

（18）☑已上後死亡、輸它縣官、輸□□□☑（里耶秦簡 8-705）

"輸"義爲輸送，常後接目的地，如：

---

〔1〕楊樹達認爲："'其具獄'當作'具其獄'，疑此誤倒。景祐本同誤。"（楊樹達：《漢書窺管》，上海古籍出版社，1984 年，第 607 頁）鄭賢章指出："'其具獄'不誤。'具獄'爲名詞，是一種文書，指據以定罪的全部案卷。……'具獄'已爲一個詞，中間不可插入它詞。故'其具獄'不當作'具其獄'。"（鄭賢章：《〈漢書〉舊注商榷若例》，《求索》，2006 年第 1 期，第 210 頁）

〔2〕雷長巍先生面告我們，在走馬樓西漢簡牘中存在"具獄＋地名（目的地）"的情况。如果西漢時期這一結構存在，作爲目的地的地名是補語，與"行書＋地名""上事＋地名"中的地名性質不同。

〔3〕陳垠昶：《里耶秦簡 8-1523 編連和 5-1 句讀問題》，簡帛網，http://www.bsm.org.cn/show_article.php?id=1794，2013 年 1 月 8 日。

〔4〕楊振紅：《"縣官"之由來與戰國秦漢時期的"天下"觀》，《中國史研究》，2019 年第 1 期，第 42 頁。

（19）出弩臂四輸益陽。（里耶秦簡 8-151）

（20）遷陵上坐反適（讁）辠（罪）當均輸郡中者六十六人，今皆輸遷陵。（里耶秦簡 9-23）

“輸它縣官”指將人或物輸送到其他縣。類似的例子如：

（21）令曰：郡及中縣官吏千石下徭傳（使），有事它縣官而行，聞其父母死，過咸陽者，自言□□□□（《岳麓書院藏秦簡（伍）》296）

例（1）中的“縣官”前未冠以“它”字，如將其理解爲縣級官署及目的地，卻没有具體範圍指向，與習慣表述不合。

“縣官”可代指天子，但是，本簡中的“縣官”理解爲天子或中央官署卻并不可取。余津銘指出：“文書乃從零陽發送，遷陵爲其中一處目的地，可知發信方向爲西南方，因此‘縣官’應非指中央朝廷，而是指洞庭郡的某縣。”[1]這個思路是正確的。目前大家比較公認的洞庭郡内交通綫路裏，零陽縣、遷陵縣所在交通綫路是“太守治所所在地臨沅—零陽—充—酉陽—遷陵”，這條綫路基本上是向西的，再從遷陵向西一直到巴蜀。[2]由洞庭郡到中央，則要途經南郡。如以臨沅爲起點，先到洞庭郡索縣，由索縣經南郡的孱陵、江陵、銷、鄢等地入關到咸陽，這條綫路的方向大體是向北的。[3]里耶秦簡中有一處路綫里程記録：

（22）鄢到銷百八十四里，銷到江陵二百卌里，江陵到孱陵百一十里，孱陵到索二百九十五里，索到臨沅六十里，臨沅到迁陵九百一十里。□□千四百卌里。（里耶秦簡 16-52）

正是記録了臨沅向北過南郡要途經的各縣。據此，如果從零陽到中央政府具獄，不應選取向西經遷陵縣的路綫，而應取道臨沅一路向北，或者直接到索縣或南郡，再向咸陽行進。且後文談到頒發給具獄官吏的傳的往返期限爲 30 日，具獄官吏不可能在這個期限内到達中央政府并返回的。

還需考慮的是，例（1）中的“縣官”是否可指中央政府下派到郡縣的官署機構。[4]這樣解釋，確實解決了行書方向及時間的問題，但“具獄縣官”仍缺乏具體的指向，即到底目的地是哪個或哪幾個官署。

---

〔1〕余津銘：《里耶秦簡續食簡研究》，《簡帛》第 16 輯，第 134 頁。

〔2〕楊智宇：《里耶秦簡牘所見洞庭郡交通路綫相關問題補正》，鄔文玲，戴衛紅主編：《簡帛研究二〇一九（秋冬卷）》，廣西師範大學出版社，2020 年，第 147 頁。

〔3〕郭濤：《文書行政與秦代洞庭郡的縣際網絡》，《社會科學》，2017 年第 10 期，第 163—164 頁。

〔4〕這一點蒙董珊先生提醒。

三

秦簡中有“食縣官”的記録，如：

（23）卅一年後九月庚辰朔戊子，司空色爰書：吏以卒戍上造涪陵高橋難有貲錢千三百卌四，貧不能入，以約居，積二百廿四日，食縣官，日除六錢。（里耶秦簡 9-630+9-815）

（24）司空律曰：有辠以貲贖及有責（債）於縣官，以其令日問之，其弗能入及償，以令日居之，日居八【錢】，食縣官者日居六錢，居官府食縣官者男子參〈叁〉，女子駟〈四〉……（《岳麓書院藏秦簡（肆）》257—258）

“食縣官”是就食於官方之義。例（23）中的“縣官”，從文書製作者司空嗇夫色的角度講，指的是本縣政府。無論是“某食縣官”還是例（1）中的“縣官食某”，都是在强調官方與個體之間的供食關係。“縣官”可以是縣屬機構對本縣的稱呼。除了例（23），里耶秦簡還可見類似的“縣官”辭例，如：

（25）縣官有買用錢。（里耶秦簡 8—454）

該簡是上呈金布的課的副本的目録，“縣官有買用錢”是其中一種“課”的標題。這句話的大意是“官方有買物資用的錢”，是官府審計的一項内容，其中縣官即指本縣。因此，將“縣官”下屬是解釋得通的，是在强調本縣供食的時限。

爲什麼例（1）未强調具獄的目的地呢？比較例（1）與例（2）、例（3），我們發現還有一處不同，即例（1）簡載有“當騰期卅日”，爲抄寫移送“傳”設定了時限。王勇針對續食簡的一段討論值得注意：“這是零陽官吏外出具獄，遷陵爲其提供稟食的記録。這些零陽官吏是七月戊申（初九）出發的，零陽的糧食供應到甲寅（十五），即自己攜帶有六天的口糧，同時零陽要求途經縣鄉提供膳食的憑據，期限是 30 天，可見他們這次徭使預期是離縣 36 天。遷陵提供膳食是從七月癸亥（二十四）至己巳，意味著他們在遷陵停留了 7 天，還餘 29 天。而他們從零陽到遷陵單程用時 15 天（初九至二十四），29 天大致够他們往返。可見這些零陽官吏是專程到遷陵具獄的。”[1] 通過對“傳”的時限進行限制，客觀上對出行地域及工作時間進行了限制，保證了具獄人員只能在有限的區域内活動，這實際上彌補了前文不交代目的地的不足。

---

〔1〕 王勇：《里耶秦簡所見秦代地方官吏的徭使》，《社會科學》，2019 年第 5 期，第 160 頁。

還有一個問題，爲什麼例（1）在“食盡某日”前强調“縣官”，而相同性質的例（2）與例（3）卻省略了“縣官”呢？其實，是否强調“縣官”，只是表達上的不同，客觀上并不影響文義。所謂“縣官食盡某日”，并非真的是由縣廷發放口糧，而是由倉或部分官署、鄉發放[1]，這些機構都歸屬縣廷管轄。當發放機構與文書發出機構相同時，省略“縣官”對文義并不産生影響。除了“縣官＋食盡某日”存在省略“縣官”的情況，在續食簡牘中還可見到其他類型的差異化表述，如例（1）簡與例（3）簡都强調“雨留不能投宿，齎”，例（2）簡則省略“雨留”。既然“雨留”可以省略，“縣官”應該也可以。

四

總之，我們認爲，“縣官食盡甲寅”，是從續食文書（實際包含多封文書的内容）中的第1封文書的起草機構“倉”的角度，指出本縣爲公差人員提供食物到甲寅日，强調本縣提供糧食的時限。“縣官”屬下讀更爲合理。

上述斷句問題雖説是一個小問題，但卻關涉到文例歸納的方法論問題。陳垠昶與我們的分析其實都採用了文例求義法，這是一種非常常見的訓詁方法。所謂文例，指同樣或同類的詞句在不同的語境中有規律地重複出現的語言現象。[2]這是從訓詁學的視角給出的界定，如果從文書學的視角看，文例與所謂“式”有密切關係。秦漢簡牘文獻中屢見所謂“式”，包括品物之式、文書樣式、程序之式等[3]，典型的如睡虎地秦墓竹簡《封診式》就對部分文書的書寫格式做了限定。“式”是秦加强中央集權的重要舉措之一[4]，一方面用以保證行政作業中相同事務在處理上的規範化和一致化，另一方面也使司其事者面對繁雜的業務，能依固定的模式，方便處理，提高效率。[5]正因爲有“式”的存在，秦漢簡牘文書的行文大多是遵循一定的行文範式的。因此，對於文書簡牘的釋讀來説，同質簡牘呈現的文例是非常重要的依據，文例的整理、總結在文書簡牘釋讀工作中尤爲重要。從同屬續食簡牘的幾枚簡看，此

〔1〕趙岩：《里耶秦簡所見秦遷陵縣糧食收支初探》，《史學月刊》，2016年第8期，第34—37頁。

〔2〕楊琳：《訓詁方法論》，商務印書館，2011年，第192頁。

〔3〕南玉泉：《秦漢式的種類和性質》，中國政法大學法律古籍整理研究所：《中國古代法律文獻研究》第6輯，社會科學文獻出版社，2012年，第196—205頁。

〔4〕沈剛：《秦簡所見秦代行政文書標準化問題》，《檔案學通訊》，2014年第2期，第19頁。

〔5〕邢義田：《從簡牘看漢代的行政文書範本——“式”》，《治國安邦：法制、行政與軍事》，中華書局，2011年，第451頁。

類文書基本採用了類似的格式，包括基本相同的結構和類似的遣詞造句。這無疑有助於我們利用文例解決相關釋讀問題。

然而，既有研究在歸納文例時出現了問題。主張“縣官”上讀的學者們從例（2）與例（3）總結出兩條文例：一是在敘述出公差的官吏及其他隨從人員所從事的事務時往往採用“事由 + 目的地”的格式；二是從行文格式上看，“食盡某月”前不與“縣官”搭配。正是依據這兩條文例，他們進一步得出“具獄縣官”連讀的結論。第 1 條文例的提取，如上所述忽視了文例的適配性，“事由 + 目的地”的格式并不適用於“具獄”。“行辟書”“上事”與“具獄”雖然具有結構和語義上的相似性，但在與地點或機構搭配時卻呈現不同的功能，并非可以類比的對象。文例求義的關鍵是找到與待考詞句同樣或同類的詞句，并發現後者中的規律性語言現象。因此，比較的對象是否可取，文例是否適用，這是採用文例求義法時必須注意的。第 2 條文例的提取，則忽視了文例變體。不同的陳述者，面對不同的具體事務，敘述時在遵從基本格式的基礎上又不免會呈現一定的個體性、差異性。這提示我們，在整理文例時，要注意哪些是文例的關鍵處、不變處，哪些是文例的次要處或變量。

不能否認的是，我們總結的“具獄”後不接目的地的文例，仍存在樣本較少、較單一的情況。不過，文例是由語義、語用習慣等因素綜合作用的結果。如果透過文例能够講清楚文例背後的語義因素及語義搭配的可行性，也許就能够更接近真相。

Discussing Punctuation of No. 5-1 Liye Qin Bamboo Slips:
Two Points to Pay Attention to in Summarizing Text Structure of Bamboo Slips

Zhao Yan

Abstract: Because of different understandings of JuYu 具獄, XianGuan 縣官 and the text structure of Continuing Rations 續食 texts, there are different viewpoints on XianGuan 縣官 of No. 5-1 Liye Qin bamboo slips belongs to which sentence. Based on text structure and semantics, we considered that XianGuan 縣官 belongs to the latter sentence.Because the deadline in the following text complements the relevant information,there is no indication of the destination of JuYu 具獄. There is no XianGuan 縣官 in the other Continuing Rations 續食 texts, It’s just an omission.This reminds us to pay attention to the applicability and variables of the text structure when summarizing the text structure of bamboo slips.

Keywords: Liye Qin bamboo slips; punctuation; JuYu 具獄; XianGuan 縣官; text structure

（趙岩　東北師範大學文學院）

漢簡所見邊地社會治安問題研究

——從懸泉漢簡“武威候令史攻牢”案件談起

姚　磊　張　航

提　要：漢代攻牢篡死罪囚案件的發生多與刑徒、謀反者反抗政府并行出現。懸泉漢簡中記載的“攻牢篡死罪囚”一事，爲鮮見的政府公職人員攻牢篡囚案件，通過此簡我們研究漢宣帝時期令史攻牢、死罪囚在獄中的命運以及逃亡等問題，分析西汉盛世時期“攻牢篡死罪囚”發生的原因。藉此探討漢代西北邊塞出現的攻牢、危害社會治安的深層次問題，以及邊地政府對此類問題的應對與處理。

關鍵詞：西北漢簡　攻牢　篡囚　社會治理

漢武帝多次軍事活動後，設置郡縣對西北地區進行治理，但由於位居邊陲致使社會問題凸顯。鑒於西北邊地的重要性，李大龍、田澍、何紅玉、馬嘯、魯西奇、侯宗輝、李忠林、林永强、趙裕沛、李維睿、謝紹鷁等學者對漢代邊塞地出現社會治安問題、地方治安體系和設置的治安機構等研究，取得了較好的成果。[1] 懸泉漢簡的逐漸公布，提供了更多的研究材料。我們在閱讀懸泉漢簡時發現有“武威候令史攻牢”的一個司法案件，可以讓我們對邊地的治安問題有更多清晰的認知，今草寫下來敬請方家指正。

---

〔1〕 李大龍:《漢代中國邊疆史》，黑龍江教育出版社，2012年；田澍、何紅玉、馬嘯主編:《西北邊疆管理模式演變與社會控制研究》，天津古籍出版社，2012年；魯西奇:《漢代鄉裡制度的幾個問題》，《雲南大學學報（社會科學版）》2018年第6期，第53—63頁；侯宗輝:《漢簡所見西北邊塞的流動人口及社會管理》，《中國邊疆史地研究》2011年第1期，第22—33+148頁；李忠林:《秦漢基層社會治安體制的構建》，《人民論壇》2021年第13期，第110—112頁；林永强:《漢代“葆部”的社會治安功能考論》，《青海民族研究》2009年第1期，第81—85頁；林永强:《漢代地方社會治安研究》，社會科學文獻出版社，2012年；趙浴沛:《漢代居延地區社會治安初探》，《河南省政法管理幹部學院學報》2005年第4期，第191—197頁；李維睿:《秦漢亭的司法功能對現代社會治理創新的啓示》，《河北法學》2018年第4期，第166—173頁；謝紹鷁:《秦漢西北邊地治理研究》，西北大學博士學位論文，2010年。

一、簒囚案件梳理

漢代法律處於不斷調整時期，雖有多次法制改革，但刑罰犯罪條目仍較多，産生了大量的囚犯，王充《論衡》就有“天下千獄，獄中萬囚”的論述[1]。囚徒的大量出現加重了牢獄管理的負擔，同時也有很多囚犯選擇越獄逃亡，懸泉漢簡中一枚簡記載有政府公職人員攻牢一事。

（1）武威候令史單禹等攻牢簒取死罪囚與俱逐亡棣□□所□

Ⅰ91DXT0309③:282[2]

張德芳曾統計了ⅠT0309③的紀年情況，“出土該簡的探方有紀年簡61枚，其中昭帝元平（前74）1枚、宣帝元康8枚、神爵47枚、五鳳5枚（前65—前54）。”[3]知此簡在漢宣帝時期的可能性最大。簡文大意指：武威候令史等人，攻牢救死罪囚後逃亡。由於此簡已殘，“武威候令史”等人的逃亡去向、與死罪囚之間的關係、政府追逃等問題無法得知。我們通過同時期相關的簒囚逃亡案件的處理來研究此簡的背景，并推測此事件的結果。

懸泉漢簡中出現的簒囚者“武威候令史”等人，從西北地區出土的漢簡來看，令史攻牢簒囚案件尚屬首次。“令史”一職在秦漢時期廣泛設置於各級政府之中，里耶秦簡記録的遷陵縣吏員中記録有“令史廿八人”，約占遷陵縣吏員總數的三分之一。據尹灣漢墓簡牘《東海郡吏員簿》的記載來看，“令史”在每個縣中均有設置，且設置數量相對較多。[4]西北地區出土的簡牘文獻中有不同機構的“令史”，如“守令史”“候令史”“司馬令史”“軍馬令史”等。陳夢家指出：“令史是主文書的職名，兩府官僚組織中和千人、司馬及倉、庫、厩等官署中皆有此職。”[5]

“令史”職能豐富，森鹿三認爲：“所謂令史就是候官的書記，掌管候官公文的擬稿（因此在文書末尾署名）和發文（因此在封檢上填寫必要的事項），以及受理上級官府都尉府、太守府和下級官府候隧的來文。”[6]《居延新簡集釋》指出“令史，

〔1〕黄暉撰：《論衡校釋（附刘盼遂集解）》卷二十四《辨祟篇》，中華書局，1990年，第1012頁。

〔2〕甘肅簡牘博物館等編：《懸泉漢簡（二）》，中西書局，2021年，第403頁。

〔3〕張德芳：《懸泉漢簡中有關西域精絶國的材料》，《絲綢之路》2009年第24期，第5—7頁。

〔4〕連雲港市博物館等編：《尹灣漢墓簡牘》，中華書局，1997年，第79—84頁。

〔5〕陳夢家：《漢簡綴述》，中華書局，1980年，第49頁。

〔6〕〔日〕森鹿三：《關於令史弘文書》，姜鎮慶譯，中國社會科學院歷史研究所戰國秦漢史研究室編：《簡牘研究譯叢》第一輯，中國社會科學出版社，1983年，第22頁。

縣級行政、屯戍機構中的高級史類屬吏，主掌文書事，一般秩斗食，可署曹爲曹掾史，也可充當門下吏、都吏。東漢之後漸有秩次較高的公令史等。居延簡所見令史，主要是候官所屬令史。”〔1〕秦漢時期“令史”的職能及職位處於變化中，鄒水傑指出，“到了西漢後期，令史、獄史、尉史均單列，説明其已經不是給事的關係，而是各自獨立成爲一種職官了”〔2〕。劉曉満認爲，“進入東漢以後，令史主要爲中央公卿的屬吏，縣級政府中已比較少見，僅在邊塞軍事系統的候官仍有令史設置”〔3〕。自秦至漢，“令史”逐漸從屬吏變成獨立的職官，其在地方行政中的作用也日益凸顯。由此，“令史最基本的職能是‘掌案文簿’，并廣泛參與各種具體政務的處理，主要負責文書的起草、收發、傳遞和保管，主管和審核各種籍賬，參與調查案情、追捕犯人等司法審判工作，舉劾違法失職官吏，監督行政工作，保障行政管理的品質和效率”〔4〕。

通過以上的梳理，我們知曉“令史”屬於文官，一個文官武力攻破防守嚴密的大牢，可以想象對當時邊郡社會的衝擊之大。由此，我們也可以推想當時邊郡的社會治安問題十分的嚴峻。雖然漢宣帝時期，有“昭宣之治”的美譽，但即使在這樣的英明君主的統率下，邊郡依然出現這樣影響恶劣的事件，可見盛世依然存在動亂的因素與危險。

西北漢簡中除“令史”瀆職的記載外，還見其他吏卒不認真履行職責的記載。趙寵亮指出吏卒在邊塞工作不稱職，常表現爲“私去署”“不在署”“對烽燧守禦器等保管不佳”“傳遞郵書留遲或封泥破損而未有‘旁封’”“期會失期”。〔5〕邊塞官吏的不稱職也是邊塞治安存在問題的原因之一。李均明根據五一廣場東漢簡指出臨湘地區官吏瀆職表現在“‘不承用詔書、不敬、不當得爲’、以權謀私的經濟犯罪‘主守盜、盜賦受所監、受賕請’、執法不公正的‘匿、縱’罪人等”〔6〕。同樣漢代多用酷吏治理地方，在嚴峻法制的前提下，酷吏刻薄少恩、濫殺加重了政府與民衆之間的矛盾。李大龍認爲，“邊吏的昏庸和殘暴也是導致邊疆局勢陷入危機的一個重要原因，從史書記載的例證看，輕者會導致邊疆民族的反叛，重者則會使邊疆地區進入

〔1〕孫占宇：《居延新簡集釋（一）》，甘肅文化出版社，2016年，第235頁。

〔2〕鄒水傑：《簡牘所見秦代縣廷令史與諸曹關係考》，鄔文玲、楊振紅主編：《簡帛研究》二〇一六春夏卷，廣西師範大學出版社，2016年，第146頁。

〔3〕劉曉満：《秦漢令史考》，《南都學壇》2011年第4期，第14—19頁。

〔4〕孫占宇：《居延新簡集釋（一）》，第235頁。

〔5〕趙寵亮：《行役戍備：河西漢塞吏卒的屯戍生活》，科學出版社，2012年，第133—137頁。

〔6〕李均明：《長沙五一廣場東漢簡牘所見職務犯罪探究》，《鄭州大學學報（哲學社會科學版）》2019年第5期，第82—87頁。

到長期戰亂之中，導致漢王朝統治體系的崩潰，不得已而放弃對邊疆的經營”[1]。我們在西北地區出土的漢簡中發現朝廷多次派遣刺史巡邊處理邊地牢獄案件：

（2）名莫府涼州刺史治所迫斷冬獄 483.24+482.19[2]

（3）刺史范行部若遣從事誠欲考賢功觀吏教化民風俗 ㇗助郡理遺冤 Ⅱ 90DXT0111②：17[3]

簡文中刺史斷冬獄、理遺冤的記載，説明漢代邊地案件審理中存在一定問題，因而需刺史重新審理。

懸泉漢簡Ⅰ91DXT0309③:282 中記録了“武威候令史”攻牢後選擇逃亡，但此簡已殘，簡文無法進一步釋讀，僅能釋讀至“與俱逐亡”。“武威候令史”等人篡取“死罪囚”後的逃亡方式及路綫我們現無法見到。從秦漢時期罪犯逃出獄中後的逃亡方向來看，可能逃亡至山林等處成爲盗賊，更有甚者選擇武裝反抗中央的統治。如，漢成帝鴻嘉三年“廣漢男子鄭躬等六十餘人攻官寺，篡囚徒，盗庫兵，自稱山君”[4]。漢平帝元始三年“陽陵任横等自稱將軍，盗庫兵，攻官寺，出囚徒”[5]。抑或是部分囚徒逃亡至中央政府管轄較弱的地區，甚至是亡入匈奴等。敦煌漢簡 983 記有一條關於處罰逃亡的律法——“捕律：亡入匈奴、外蠻夷，守弃亭鄣逢燧者，不堅守降之，及從塞徼外來絳而賊殺之，皆要斬妻子耐爲司寇，作如。”[6]從此條律令來看逃亡匈奴將會被處以死刑，其妻子也會被牽連。漢政府通過嚴刑峻法來抑制逃亡匈奴的行爲，可見漢代邊地存在民衆大量逃亡匈奴的情况。

汪貴海認爲秦漢時期民衆逃入匈奴，大致有三種情况：一是因故没入匈奴之吏卒之子孫不堪貧困，投奔其身在匈奴之親戚者。二是邊人奴婢難忍煎熬者因近匈奴地而亡入。三是觸犯律令之盗賊爲徹底擺脱受追捕之窘迫境地，亡入匈奴，使追捕者“不可制”。[7]此外，漢初諸侯等功臣在政治活動中失敗或者是在邊塞對匈奴作戰失敗後爲保全性命也會逃至匈奴。漢初劉邦清理异姓諸侯王時，其屬下的大批將士會隨之亡入匈奴，盧綰曾率其党萬人亡入匈奴，韓王信、陳豨所屬將士亡入匈奴的人數也不會少，“保守估計下來亡入匈奴的人數當在二萬人上下”[8]。漢元帝竟寧元年

---

〔1〕李大龍:《漢代中國邊疆史》，黑龍江教育出版社，2012 年，第 279 頁。

〔2〕簡牘整理小組:《居延漢簡（四）》，“中研院”歷史語言研究所，2017 年，第 109 頁。

〔3〕甘肅簡牘博物館等編:《懸泉漢簡（二）》，第 488 頁。

〔4〕［漢］班固撰、［唐］顔師古注:《漢書》卷十《成帝紀》，中華書局，1962 年，第 318 頁。

〔5〕［漢］班固撰、［唐］顔師古注:《漢書》卷十二《平帝紀》，中華書局，1962 年，第 355 頁。

〔6〕白軍鵬:《敦煌漢簡校釋》，上海古籍出版社，2018 年，第 292 頁。

〔7〕汪貴海:《從漢簡看漢人逃亡匈奴之現象》，《史學月刊》1993 年第 6 期，第 39—44 頁。

〔8〕張功:《秦漢逃亡犯罪研究》，湖北人民出版社，2006 年，第 378 頁。

（前33），漢代郎中候反駁呼韓邪單于請求“罷邊備塞吏卒”提到，“……往者從軍多没不還者，子孫貧困，一旦亡出，從其親戚，六也。又邊人奴婢愁苦，欲亡者多，曰‘聞匈奴中樂，無奈候望急何！’然時有亡出塞者，七也。盗賊桀黠，群輩犯法，如其窘急，亡走北出，則不可制，八也”〔1〕。由此，亡入匈奴是漢代西北地區奴婢、犯罪者首先考慮的地方之一。

懸泉漢簡Ⅰ91DXT0309③:282號簡發現於懸泉置，其位於西漢時期涼州刺史部的西陲，靠近西域都護府，同時也接近匈奴的勢力範圍。簡文中“武威候”爲西北地區的某一候望，其具體位置未見有文獻記載，我們推測“武威候”的位置應在懸泉置的東部。居延新簡中也有“安衆侯國”民衆逃亡的通緝令出現，大量以緝捕檄文形式的文書出現在西北地區。反映出當時的官吏已經意識到“武威候令史”等人會向西逃亡，西北也可能是衆多“亡人”所重點考慮的地區之一。因此簡文中“與俱逐亡”的逃亡方向很有可能是匈奴。

二、西北地區所見攻牢案件

懸泉漢簡中“攻牢篡囚逃亡”案件表現了西北地區社會治安出現的嚴重問題，沈家本《歷代刑法考》、程樹德《九朝律考》等研究了秦漢時期逃亡、追捕等相關問題的處罰。〔2〕栗勁、宋傑、徐世虹、張功、趙曉耕等學者對秦漢時期的法制問題、囚犯的判處等有細致研究。〔3〕張功、張傳璽、王子今、張伯元、裴永亮、文霞、謝坤等對秦漢時期的死罪、囚犯逃亡的原因、方式、政府處理逃亡等進行了深入探討。〔4〕海外學者對秦漢時期的刑罰以及逃亡犯罪亦有大量的成果，崛毅、大庭脩、

〔1〕［漢］班固撰、［唐］顔師古注:《漢書》卷九十四下《匈奴傳下》，中華書局，1962年，第3804頁。

〔2〕沈家本:《歷代刑法考》，商務印書館，2011年；程樹德:《九朝律考》，商務印書館，2010年。

〔3〕栗勁:《秦律通論》，山東人民出版社，1985年；宋傑:《漢代死刑制度研究》，人民出版社，2015年；徐世虹:《秦律研究》，武漢大學出版社，2017年；張功:《秦漢逃亡犯罪研究》，湖北人民出版社，2006年；趙曉耕:《罪與罰：中國傳統刑事法律形態》，中國人民大學出版社，2012年。

〔4〕張功:《秦朝逃亡犯罪探析》，《首都師範大學學報（社會科學版）》2002年第6期，第11—14頁；張傳璽:《秦及漢初逃亡犯罪的刑罰適用和處理常式》，《法學研究》2020年第3期，第192—208頁；王子今:《論西漢北邊“亡人越塞”現象》，紀宗安、湯開建主編:《暨南史學》第五輯，暨南大學出版社，2007年，第9—23頁；王子今:《漢代北邊“亡人”：民族立場與文化表現》，《南都學壇》2008年第2期，第1—8頁；張伯元:《秦漢律中的“亡律”考述》，氏著:《出土法律文獻研究》，商務印書館，2005年，第102—120頁；裴永亮:《漢簡“亡人越塞”與西漢河西地區邊塞防禦》，《敦煌研究》2019年第4期，第106—111頁；文霞:《簡牘資料所見秦漢奴婢的逃亡犯罪》，《石家莊學院學報》2014年第5期，第19—23頁；謝坤:《里耶秦簡所見逃亡現象——從“繚可逃亡”文書的復原説起》，《古代文明》2017年第1期，第48—53頁。

冨穀至、水間大輔、宮宅潔、滋賀秀三等學者對秦漢律令、審判、逃亡等問題進行了系統研究。[1]

除“令史攻牢”案件外，西北漢簡中記録的攻牢案件還有：

（4）等以縣官事公白晝攻牢獄入殺故縣長斷頭投人衆中所☑

敗俗傷化漸不可長當以時伏誅如惲言罪可誅臣請□☑ EPT59:551[2]

（5）寬中客美陽不審里男子田博一名譚字子真

一姓王氏年卌五六爲人黄色中壯美發少須

坐與寬中共攻臨涇獄宇篡取死罪囚王博等與偕亡初亡時衣皁布單衣白絝□□□

履弋韋沓幘冠小冠帶刀劍乘革色車毋蓋駕騩牡馬載黑弩二熊皮服

箭橐各一箭百七十枚中仲子穉載 DYK:5[3]

由上可見，兩枚簡中記録的案件從攻牢目的來看，可分爲“救人”“反抗政府”兩類。從居延新簡記録的民衆白天攻牢獄殺舊縣長的案件來看，應是邊地該縣政府與民衆存在有不可調和的矛盾，而發生了此類惡性事件。

從“寬中等攻牢”案件來看，寬中、田博、王氏等人共牢獄篡取王博，并攜帶大量的武器逃亡，可見攻牢者在攻牢前做了充分的準備。由此，“武威候令史”等人在篡取死罪囚時也應會做有準備。“令史攻牢”“寬中等攻牢”兩枚漢簡，其文書性質屬於追捕文書。爲迅速抓住逃亡者，政府會在追捕文書中對逃亡者有詳細的描述：

（6）詔所名捕平陵長雀里男子杜光字長孫故南陽杜［衍］爲人黑色肥大頭少發年可卌七八長［七］尺四五寸□□□楊伯 初亡時駕騩牡馬乘闌轝車黄韋茵伏白□□騎騩牡馬

皆坐役使流亡屯户百卅三擅置田監 史□法不道丞相禦史□執金吾家屬 所二千石來捕 183.13[4]

---

〔1〕〔日〕崛毅:《秦漢法制史論考》，蕭紅燕譯，法律出版社，1988年;〔日〕大庭脩:《秦漢法制史研究》，徐世虹譯，中西書局，2017年;〔日〕冨穀至:《秦漢刑罰制度研究》，柴生芳、朱恒曄譯，廣西師範大學出版社，2006年；朱騰、王沛、〔日〕水間大輔:《國家形態・思想・制度——先秦秦漢法律史的若干問題研究》，厦門大學出版社，2014年;〔日〕宮宅潔:《中國古代刑制史研究》，楊振紅等譯，廣西師範大學出版社，2016年;〔日〕滋賀秀三:《刑罰的歷史——東方》，徐世虹譯，楊一凡、〔日〕寺田浩明:《日本學者中國法制史論著選——先秦秦漢卷》，中華書局，2016年，第92—84頁。

〔2〕肖從禮:《居延新簡集釋（五）》，甘肅文化出版社，2016年，第77頁。

〔3〕張德芳、石明秀主編:《玉門關漢簡》，中西書局，2019年，第227頁。

〔4〕簡牘整理小組:《居延漢簡（二）》，“中研院”歷史語言研究所，2015年，第209頁。

（7）宗室安衆侯國男子劉守年卅四 字進君長七尺二寸爲人中狀黑色圜面初亡時衣白布單衣組布步行 ESC:9A〔1〕

通過簡文中記載的内容，漢代通緝令主要記載内容有：逃亡者的居住地或案發地，逃亡者的姓名、體貌、年齡、身材，逃亡時的服裝，逃亡方式，攜帶物品等。同時邊塞地區還采取設置天田防禦、發布通緝令、派吏員追捕，采取嚴刑峻法等措施，來防治逃亡者從邊塞逃亡。

爲防“攻牢篡囚”案件多發，漢政府制定《亡律》《捕律》等法律，對攻牢篡囚、縱囚者處以重刑。張家山漢簡中有關非法解救囚犯的相關法律和案例的記載：

（8）城旦舂、鬼薪白粲有罪畧（遷）、耐以上而當刑復城旦舂，及曰黥之，若刑爲城旦舂，及奴婢當刑畀主，其證不言請（情）、誣告，告之不審，鞫之不直，故縱弗刑，若論而失之，及守將奴婢而亡之，篡遂縱之，及諸律令中曰與同法、同罪，其所與同當刑復城旦舂，及曰黥之，若鬼薪白粲當刑爲城旦舂，及刑畀主之罪也，皆如耐罪然。其縱之而令亡城旦。舂、鬼薪白粲也，縱者黥爲城旦舂。〔2〕

（9）篡遂縱囚，死罪囚，黥爲城旦，上造以上耐爲鬼薪，以此當庫。〔3〕

張建國指出，張家山漢簡中的“篡遂縱之”“篡遂縱囚”分別指劫囚和竊囚。〔4〕《漢書·王子侯表》中也有“坐篡死罪囚弃市”的處置。〔5〕

漢政府還在牢獄方面還對囚犯有嚴格管理，囚犯未被判刑之前會被關押在牢獄之中。漢代監獄設置已逐漸完備，中央設有大量的監獄外，“漢代在地方按照郡（國）、縣、鄉等行政建制層層設置了監獄”〔6〕。漢代河西地區出土的簡牘材料中記録了西北地區的設置的“獄守丞”“獄丞”等職官：

（10）□年九月丁巳朔庚申陽翟邑獄守丞就兼行丞事移函里男子李立第臨自言取傳之居延過所縣邑侯國勿苛留如律令侯自發 140.1A〔7〕

---

〔1〕張德芳：《居延新簡集釋（七）》，甘肅文化出版社，2016年，第187頁。

〔2〕彭浩、陳偉、〔日〕工藤元男主編：《〈二年律令〉和奏讞書——張家山漢簡二四七號墓出土法律文獻釋讀》，上海古籍出版社，2007年，第135頁。

〔3〕同上書，第365頁。

〔4〕張建國：《張家山漢簡〈具律〉121簡排序辨正——兼析相關各條律文》，《法學研究》2004年第6期，第147—157頁。

〔5〕［漢］班固撰、［唐］颜師古注：《漢書》卷十五上《王子侯表上》，中華書局，1962年，第458頁。

〔6〕沈剛：《漢代監獄的設置與管理述略》，吉林大學古籍研究所編：《金景芳教授百年誕辰紀念文集》，吉林大學出版社，2002年，第302頁。

〔7〕簡牘整理小組編：《居延漢簡（二）》，“中研院”歷史語言研究所，2015年，第95頁。

（11）禄福獄丞印 495.12+506.20B[1]

漢代地方監獄中設有獄史、獄丞、獄吏、牢監、牢正、獄卒等職員，負責對囚犯的管理、抓捕、看押以及監獄的防守等。秦漢時期被官府逮捕入獄的犯人，爲了防止他們逃跑或反抗，一般都要施加繩索、桎梏等刑具的拘束，此種拘束亦名之曰“系（繫）”，如使用繩索捆綁犯人，稱爲“縛系”；罪犯入獄後則更换爲木制的桎梏，稱爲“械系”。[2]夜晚會進行閱囚，禁止犯人與外界交通等。[3]在監獄的設置上也做了相應的防範，宋傑指出，漢代的監獄爲防止囚犯逃亡，在監獄周邊築有圜牆，獄中種有棘樹，修建“獄樓”，甚至在漢代出現有“深阱”。[4]邊地政府對監獄中的死罪囚犯也會有更爲嚴格的管理，懸泉漢簡中一枚簡記録有漢代對“死罪囚”的看管：

（12）未得獄有重囚二人何不敢離縣・謹遣功曹守令史張博等三人因置嗇夫敞ㄥ光相助將護伐菼叩頭死罪敢言之 Ⅰ90DXT0110②:25[5]

從簡文内容來看，地方獄吏需對獄中“死罪囚”嚴格看管，不得離開縣，以防止“死罪囚”逃亡。

漢代西北邊地政府對“篡囚”案件采取重處，對囚犯也采取嚴格管理措施，但仍有較多攻牢篡囚、甚至是攻牢殺舊縣長的恶性案件，由此反映了西北邊地社會治安存在嚴重問題。“武威候令史”“寬中等人”兩攻牢案件中能將囚犯救出，無疑説明邊地牢獄管理上也存在漏洞。

西漢後期文獻中亦多見“攻牢”案件，從“攻牢”的主體來看，主要爲受政府勞役的刑徒、政治犯罪者、盗賊等。攻牢謀反是他們獲得自由、擺脱政府的束縛與懲罰最爲直接的方式。《漢書・刑法志》有“故刑者歲十萬數，民既不畏，又曾不恥，刑輕之所生也”[6]，可見漢代刑徒數量衆多。高敏指出“‘刑徒’，這些因犯罪而被判處刑罰或罰充勞役。當時謂之‘輸作’，這種刑罰也叫‘作刑’的人，既然除戍邊苦役外，還得擔任官府的各種勞役，特别是要在官府手工業作坊中作苦工，可見他們的地位是低下的，人身是極不自由的，勞役是繁重的，生活是困苦的”[7]。刑徒在漢代主要被派往國家管轄的不同地區，從事修建宫殿、墳墓、鑄錢、冶鐵、戍

〔1〕簡牘整理小組編：《居延漢簡（四）》，“中研院”歷史語言研究所，2017年，第132頁。

〔2〕宋傑：《漢代死刑制度研究》，人民出版社，2015年，第166—169頁。

〔3〕宋傑：《漢代監獄制度研究》，人民出版社，2015年，第318—321頁。

〔4〕宋傑：《漢代監獄建置設施叢考》，《首都師範大學學報（社會科學版）》2009年第3期，第1—9頁。

〔5〕甘肅簡牘博物館等編：《懸泉漢簡（一）》，中西書局，2019年，第74頁。

〔6〕［漢］班固撰、［唐］顔師古注：《漢書》卷二十三《刑法志》，中華書局，1962年，第1112頁。

〔7〕高敏：《略論西漢成帝時的“刑徒”起義》，《中州學刊》1981年第1期，第135—143頁。

邊、屯田等工作。繁重的勞役加劇了刑徒逃亡，居延漢簡中有刑徒逃亡的記録：

（13）望虜苑髡鉗鈦左右止大奴馮宣　　年廿七八歲中壯發長五六寸青黑色毋須衣皁袍白布絝履白革舄持劍亡　　40.1[1]

《漢書・五行志》中記載有攻牢後反抗政府的案件，成帝鴻嘉三年，“是歲，廣漢鉗子謀攻牢，篡死罪囚鄭躬等，盗庫兵，劫略吏民，衣繡衣，自號曰山君，党與寖廣。明年冬，乃伏誅，自歸者三千餘人”[2]。西漢時期還出現刑徒起義時攻牢篡囚的記載，張敞上書有“伏聞膠東、勃海左右郡歲數不登，盗賊并起，至攻官寺，篡囚徒，搜市朝，劫列侯。吏失綱紀，奸軌不禁”[3]。平帝元始三年“陽陵任横等自稱將軍，盗庫兵，攻官寺，出囚徒”[4]。《漢書・天文志》中有永始三年樊并、蘇令篡囚謀反的記載：“十二月己卯，尉氏男子樊并等謀反，賊殺陳留太守嚴普及吏民，出囚徒，取庫兵，劫略令丞，自稱將軍，皆誅死。”[5]

漢宣帝時期出現的刑徒、死罪囚反抗政府的事件，反映出政府在囚犯管理及社會治安方面存在較大疏忽。爲緩和政府與犯罪者之間的矛盾，“元帝初元五年，輕殊刑三十四事，哀帝建平元年盡四年，輕殊死者刑八十一事，其四十二事，手殺人皆減死罪一等，著爲常法”[6]。東漢時期“減死”的範圍擴大。漢章帝時郭躬上奏：“赦前犯死罪而繫在赦後者，可皆勿笞詣金城，以全人命，有益於邊。”[7]漢明帝時期“詔三公募郡國中都官死罪繫囚，減罪一等，勿笞，詣度遼將軍營，屯朔方、五原之邊縣；妻子自隨，便占著邊縣；父母同産欲相代者，恣聽之”[8]。西漢末到東漢時期不斷對死罪犯人減罪，減少了諸如夷三族、要斬、弃市、梟首、磔等死罪處罰的使用。[9]

東漢時期死罪囚被減罪一等，攜帶其妻、子前往邊疆戍邊。死罪囚在被流放邊疆時會有當地官員帶領集中押送到一地，再分派到各地戍邊。肩水金關漢簡73EJT37:428“張忠送死罪囚□王□□□□□”[10]，爲漢代押解“死罪囚”到邊塞戍

〔1〕簡牘整理小組編：《居延漢簡（一）》，“中研院”歷史語言研究所，2014年，第131頁。

〔2〕［漢］班固撰、［唐］顔師古注：《漢書》卷二十七《五行志上》，中華書局，1962年，第1341頁。

〔3〕［漢］班固撰、［唐］顔師古注：《漢書》卷七十六《趙尹韓張兩王傳》，中華書局，1962年，第3219頁。

〔4〕［漢］班固撰、［唐］顔師古注：《漢書》卷十二《平帝紀》，中華書局，1962年，第355頁。

〔5〕［漢］班固撰、［唐］顔師古注：《漢書》卷二十六《天文志》，中華書局，1962年，第1311頁。

〔6〕［唐］房玄齡等撰：《晉書》卷三十《刑法》，中華書局，1974年，第918頁。

〔7〕［南朝宋］範曄撰、［唐］李賢等注：《後漢書》卷四十六《郭陳列傳》，中華書局，1965年，第1545頁。

〔8〕［南朝宋］範曄撰、［唐］李賢等注：《後漢書》卷二《顯宗孝明帝紀》，1965年，第111頁。

〔9〕沈家本：《歷代刑法考》，商務印書館，2011年，第14—17頁。

〔10〕甘肅簡牘博物館等編：《肩水金關漢簡（四）》下，中西書局，2015年，第41頁。

守勞作的記載。除死罪犯人之外，漢代還會派遣不同類型的罪犯至西北邊塞戍邊勞作。東漢初年劉秀于建武十二年（36），“遣驃騎大將軍杜茂將衆郡弛刑屯北邊，築亭候，修烽燧”[1]。西北地區的漢簡中也有隧長等送囚的記録：

（14）候史李賞

□□隧長王戎　　送囚　　卒□☑　　73EJT14:25[2]

懸泉漢簡中記録懸泉置所用囚犯由太守府輸送，由此被遣至西北的囚犯首先會被押解到當地太守府等機構，之後再由隧長負責帶領到候、隧等地，囚犯押送到目的地也需要當地的官吏前來迎接。目的地部、隧接受囚犯之後，會對其登記造册，懸泉漢簡中有“縣（懸）泉置陽朔元年見徒名藉（籍）”[3]。徒名籍中記録了刑徒的信息和在懸泉置的勞作情况。同時囚犯在押送過程中押送人員還需要注意其健康狀况，囚犯在途中生病，隧長還需要上報至上級單位，如“隧長禹敢言之囚道病”[4]。上述舉措保證了囚犯能够平穩的被遣送至邊塞，從事勞作，從而減少了囚犯在途中逃亡産生的治安問題。

從西北地區以及漢代其他地區發生的“攻牢”案件來看，案件發生與政府社會治理有較大關係。同時西北漢簡記載的當地官吏來看，多見盜竊、殺傷人、離開任職地逃亡等事件，表現出西北地區社會治理出現有較大的問題。漢代政府通過減輕囚犯的處罰，一定程度上緩和了其與政府的矛盾，減少了死罪囚謀反案件的發生。同時漢宣帝在位時期減少武帝朝大量的“酷吏”，改用“循吏”治理地方，以刺史來監督地方行政官員，緩解了政府與民衆矛盾，强化了社會治安。

三、西北漢簡中的犯罪逃亡

漢代爲加强對地方的管理，在地方構建有完善的社會治安體系，實行有鄉、亭、里管理地方事務。設置有亭長、求盗、三老、游徼等官吏負責治理地方治安、經濟、文化等。但西北地區處於漢代邊境要塞，與中原地區設置的治理機構相比并不完備，主要以軍事措施治理地方。兼之西北地人口構成較爲複雜，除周邊有匈奴、羌等外，

〔1〕［南朝宋］範曄撰、［唐］李賢等注：《後漢書》卷一下《光武帝紀下》，中華書局，1965年，第60頁。

〔2〕甘肅簡牘保護研究中心編：《肩水金關漢簡（二）》下，中西書局，2012年，第5頁。

〔3〕胡平生、張德芳：《敦煌懸泉漢簡釋粹》，上海古籍出版社，2001年，第98頁。

〔4〕甘肅簡牘博物館等編：《地灣漢簡》，中西書局，2017年，第3頁。

還有戍卒、流民、商旅、使團、客民、刑徒等不同的群體，給西北地區社會治理帶來較大負擔。漢代河西地區吏卒犯罪、逃亡出現較多，李永平分析河西地區出土簡牘材料，認爲“被捕者”犯罪原因有“嚴重的刑事犯罪和嚴重危害封建國家集權統治的經濟犯罪”兩類。[1]我們擬從“殺人”“鬭傷人”“盜竊”“鑄僞錢”“役使流亡”等案件來論述西北地區出現犯罪逃亡情況。

1. 殺人逃亡

西北地區殺人案件多發，從殺人者的身份來看，有騎士、盜賊、私屬、宣曲胡騎等。漢代對殺人案件處罰嚴厲，漢高祖入關時規定“殺人者死，傷人及盜抵罪”[2]。張家山漢簡有“賊殺人，鬭而殺人，弃市。其過失及戲而殺人，贖死；傷人，除”[3]。可見嚴格的法律處罰之下，殺人案件在西北地區依舊多發，如：

（15）居延騎士廣都里李宗坐殺客子楊充元鳳四年正月丁酉亡　88.5[4]

居延漢簡記有騎士李宗殺楊充後逃亡的案件，罪犯殺人之後成功逃亡，反映出西北地區社會治理存在漏洞。此外，殺人案件發生後政府會派出吏員追捕殺人者，在追捕過程中也會有吏員被亡命者殺傷的情況出現。

2. 鬭傷人亡

“鬭毆”事件多見於漢代簡牘文獻中，西北漢中有“毆殺爰書”，在長沙五一東漢簡牘中亦有大量的“鬭毆”案件出現。從西北漢簡中可見“鬭傷”“格傷”“賊傷”等案件多發。二年律令中規定“鬭傷人，而以傷辜二旬中死，爲殺人”[5]。西北漢簡的此類逃亡有鬭傷、刺傷後逃亡等情況：

（16）鬭傷人亡　231.97[6]

（17）☐□擊刺傷宗右手左髀右掖下各一所亡時廣宗安所居不☐

73EJT26：95[7]

〔1〕李永平：《漢代“捕亡”問題探討——以河西出土漢簡資料爲中心》，西北師範大學文學院歷史系等編：《簡牘學研究》第四輯，甘肅人民出版社，2004年，第231頁。

〔2〕［漢］司馬遷撰、［宋］裴駰集解、［唐］司馬貞索隱、［唐］張守節正義：《史記》卷八《高祖本紀》，北京：中華書局，1959年，第362頁。

〔3〕彭浩、陳偉、〔日〕工藤元男主編：《〈二年律令〉和奏讞書——張家山漢簡二四七號墓出土法律文獻釋讀》，上海古籍出版社，2007年，第98頁。

〔4〕簡牘整理小組編：《居延漢簡（一）》，“中研院”歷史語言研究所，2014年，第257頁。

〔5〕彭浩、陳偉、〔日〕工藤元男主編：《〈二年律令〉和奏讞書——張家山漢簡二四七號墓出土法律文獻釋讀》，第99頁。

〔6〕簡牘整理小組編：《居延漢簡（三）》，“中研院”歷史語言研究所，2016年，第72頁。

〔7〕甘肅簡牘博物館等編：《肩水金關漢簡（三）》下，中西書局，2013年，第55頁。

3. 盜竊逃亡

漢代盜賊問題多發，民衆犯罪逃亡後部分也會選擇進入山林成爲盜賊進而威脅社會治安，張家山漢簡、胡家草場漢簡中的《盜律》記載有專門對盜竊罪的處罰，從處罰來看多根據盜竊的錢財數量加以量刑。[1]

（18）本始元年九月庚子虜可九十騎入甲渠止北隧略得卒一人盜取官三石弩一稾矢十二牛一衣物去城司馬［宜］昌將騎百八十二人從都尉追 57.29[2]

（19）常及客民趙閎範翕一等五人俱亡皆共盜官兵 EPT68:60[3]

兩枚漢簡中記載的盜竊案件與官府有密切關聯，所丟失之物爲"弩"等兵器，此外，漢簡中所見西北邊地丟失之物還有糧食、錢財、符、印等物品。面對多發的盜竊案件，政府還設置有"被盜賊""督盜賊"等職官處理邊塞出現的盜賊問題。同時還要求各地按時上報當地有無出現"盜賊"問題。政府除設置職官來處理盜竊逃亡外，還通過有值符、逐捕購賞、法律規範等措施來應對此類事件。

4. 鑄僞錢亡

漢代私鑄貨幣屢禁不止，徐承泰認爲漢代鑄僞錢主要集中在"景帝時期、武帝時期、王莽時期"[4]。爲了禁止民間"鑄僞錢""盜鑄"，漢代采取嚴刑峻法來禁止，但"盜鑄"等依舊存在。從西北漢簡中可見西北地區也存在"盜鑄"的情況：

（20）元康元年十二月辛開朔壬寅東部候長₌生敢言之候官₌移大守府所移河南都尉書曰詔所名捕及鑄僞錢盜賊亡未得者牛延壽、高建等廿四牒書到度 20.12A[5]

（21）元康四年五月丁亥朔丁未長安令安國守獄丞左屬禹敢言之謹移鑄錢亡者田勢等三人年長物色去時所衣服謁移左馮翊右扶風大常弘農河南河內河東穎川南陽天水隴西安定北地金城西河張掖酒泉敦煌武都漢中廣漢蜀郡 Ⅱ90DXT0111④:3[6]

兩枚簡均是對私鑄錢者牛延壽、高建、田勢的捕亡文書。漢代對"鑄僞錢""盜鑄"

［1］參見彭浩、陳偉、［日］工藤元男主編：《〈二年律令〉和奏讞書——張家山漢簡二四七號墓出土法律文獻釋讀》，第111—121頁；李志芳、李天虹主編：《荊州胡家草場西漢簡牘選粹》，文物出版社，2021年，第191—192頁。

［2］簡牘整理小組編：《居延漢簡（一）》，"中研院"歷史語言研究所，2014年，第186頁。

［3］張德芳、韓華：《居延新簡集釋（六）》，甘肅文化出版社，2016年，第76頁。

［4］徐承泰：《兩漢貨幣的私鑄》，《江漢考古》2000年第2期，第94—98頁。

［5］簡牘整理小組編：《居延漢簡（一）》，"中研院"歷史語言研究所，2014年，第70頁。

［6］甘肅簡牘博物館等編：《懸泉漢簡（二）》，第220頁。

犯罪者以重罪處罰，《二年律令》規定："盜鑄錢及佐者，弃市。同居不告，贖耐。正典、田典、伍人不告，罰金四兩。或頗告，皆相除。尉、尉史、鄉部、官嗇夫、士吏、部主者弗得，罰金四兩。"[1]對知情人以及幫助其購買原料者同樣以弃市處罰，"智（知）人盜鑄錢，爲買銅、炭，及爲行其新錢，若爲通之，與同罪"[2]。漢景帝時規定"定鑄錢僞黄金弃市律"[3]，漢武帝時則有"盜鑄諸金錢罪皆死，而吏民之盜鑄白金者不可勝數"[4]。王莽時期規定私鑄貨幣"重其法，一家鑄錢，五家坐之，没入爲奴婢"[5]。西漢至王莽時期均對盜鑄僞錢的行爲嚴厲打擊。

5. 役使流民衆逃亡

漢代西北邊塞中存在有大量"流亡人口"，同時"役使流亡"事件多發。宋傑指出："河西郡縣與張掖屬國的吏民多有役使流亡於該地區的'秦胡'和'盧水士民'從事'畜牧田作'的情況。"[6]居延漢簡中有"杜衍"因役使流亡而逃亡的記録：

（22）詔所名捕平陵長雀里男子杜光字長孫故南陽杜［衍］爲人黑色肥大頭少發年可卌七八長［七］尺四五寸□□□楊伯初亡時駕騩牡馬乘闌轝車黄韋茵伏白□□騎騩牡馬

皆坐役使流亡屯户百卅三擅置田監史□法不道丞相禦史□執金吾家屬所二千石來捕　183.13[7]

額濟納漢簡中記録有查處士吏、候長、候史等人役使吏卒爲自己工作的案例，"察士吏候長候史多省卒給爲它事者"[8]，可見西北漢簡中役使民衆、戍卒的情況不在少數。《漢書・王子侯表》有"元康元年坐役使附落免"，嚴師古注曰："有聚落來附者，輒役使之，非法制也。"[9]流亡民衆雖無户籍，但役使流亡人口爲犯法。由此，杜衍役使大量流亡民衆爲其從事農業勞動，還設置有田官管理流亡者，已經違反了當時的法律。

---

〔1〕彭浩、陳偉、［日］工藤元男主編：《〈二年律令〉和奏讞書——張家山漢簡二四七號墓出土法律文獻釋讀》，第170頁。

〔2〕同上書，第171頁。

〔3〕［漢］班固撰、［唐］顔師古注：《漢書》卷五《景帝紀》，中華書局，1962年，第148頁。

〔4〕［漢］司馬遷撰、［宋］裴駰集解、［唐］司馬貞索隱、［唐］張守節正義：《史記》卷三十《平准書》，中華書局，1959年，第1428頁。

〔5〕［漢］班固撰、［唐］顔師古注：《漢書》卷九十九中《王莽傳中》，中華書局，1962年，第4122頁。

〔6〕宋傑：《漢代私人徭役析論》，《中國經濟史研究》2001年第2期，第87—102頁。

〔7〕簡牘整理小組：《居延漢簡（二）》，"中研院"歷史語言研究所，2015年，第209頁。

〔8〕孫家洲主編：《額濟納漢簡釋文校本》，文物出版社，2007年，第5頁。

〔9〕［漢］班固撰、［唐］顔師古注：《漢書》卷十五下《王子侯表》，中華書局，1962年，2011年，第485—486頁。

漢代西北地區社會治安存較大問題，犯罪逃亡案件多發。漢政府除設置有郡縣等機構外，還在匈奴、羌等集中居住的地區設置“葆部”來處理當地的社會治安。面對西北地區多發的犯罪逃亡案件政府制定法律，如《亡律》《捕律》來打擊犯罪。西北地區政府通過設置天田防禦、發布捕亡文書，加之派吏員追捕亡卒，對追捕逃亡的吏卒給予獎懲等來抓捕逃亡犯罪者。漢代政府采取的一系列措施一定程度上防止了民衆、奴婢、罪犯等通過邊塞的逃亡。但西北地區多發的逃亡案件可見吏員在社會治安管理和逐捕過程中存在漏洞，否則不會有大量犯罪逃亡案件發生。

四、餘論

西漢法律條目繁多、刑律嚴苛，繁重的刑律加重了民衆與政府之間的矛盾。爲鞏固統治，宣揚教化，減輕民衆之間的矛盾，漢朝多次頒行赦令。據《漢書》《後漢書》中的記載，兩漢時期赦免次數達 280 次左右。沈家本根據漢代大赦頒行的原因，分爲踐阼、改元、立後、建儲、後臨朝、大喪、帝冠、郊等 28 種條目。[1] 漢代赦免制度適用的犯罪類型包括除謀反大逆等嚴重罪行之外的所有犯罪。[2] 漢代多次赦免的頒布，減少了漢代囚犯的數量，緩和了社會矛盾，補充了社會勞動力。

漢代的赦免、行刑等政治、司法活動多參照月令時間，《管子》中有四禁：“春無殺伐，無割大陵，倮大衍，伐大木，斬大山，行大火，誅大臣，收谷賦。夏無遏水，達名川，塞大穀，動土功，射鳥獸。秋毋赦過釋罪緩刑。冬無賦爵賞禄，傷伐五藏。”[3] 漢代的施政多與《管子》、月令觀念相合。《漢書》中所見漢宣帝時期頒布赦令的時間多爲春夏時期，秋冬時期少見。[4] 漢代對囚犯的處罰亦逐漸形成了“秋冬行刑制”[5]，薛夢瀟指出：“蕭何草律，已有季秋死刑的規定；地節三年（前67）之後，死刑的執行時間，逐漸調整至冬三月。”[6] 由此，懸泉漢簡中“死罪囚”被行刑的時間應爲秋冬時期。《漢書·宣帝紀》有“五月，光禄大夫平丘侯王遷有罪，下獄死。”“冬，京兆尹趙廣漢有罪，要斬。”[7] 王遷和趙廣漢均是在本年赦令發布後，因

---

〔1〕 沈家本：《歷代刑法考》，第 651—703 頁。

〔2〕 鄔文玲：《漢代赦免制度研究》，中國社會科學院研究生院博士學位論文，2003 年，第 70 頁。

〔3〕［清］黎翔鳳撰、梁運華整理：《管子校注》卷十七《七臣七主》，中華書局，2004 年，第 995 頁。

〔4〕［漢］班固撰、［唐］顔師古注：《漢書》卷八《宣帝紀》，中華書局，1962 年，第 235—276 頁。

〔5〕 孫喆：《略論漢代“秋冬行刑制”及其影響》，《史學月刊》2011 年第 7 期，第 121—123 頁。

〔6〕 薛夢瀟：《早期中國的月令文獻與月令制度》，武漢大學博士學位論文，2014 年，第 175 頁。

〔7〕［漢］班固撰、［唐］顔師古注：《漢書》卷八《宣帝紀》，中華書局，1962 年，第 247、256 頁。

罪被處死。據鄔文玲統計，漢宣帝執政的25年間，大赦共頒行了14次，平均1.8年會有一次赦免。[1]在如此高的大赦頻率情況下，“武威候令史”等人不等大赦，毅然選擇“攻牢簒囚”的原因可能是：“死罪囚”所犯之罪不在赦免之列或“死罪囚”在行刑之前不會出現赦免。即懸泉漢簡Ⅰ91DXT0309③:282中的“死罪囚”可能是在大赦之後因罪入獄，秋冬時節將要被行刑，而在行刑之前不會再出現大赦。

當然也存在另外一種可能，即漢宣帝的赦免活動在邊地可能存在執行盲區，被相關官吏“得詔書，但掛壁”。侯旭東在《漢家的日常》一書中曾有一章論述“皇帝的無奈”，指出：“在維持官辦、上級監督不變的情況下，皇帝詔令與制度規定面對潛滋暗長的官吏侵漁時，開始尚可震懾一時，日久天長，隨著此類現象的蔓延，相關官吏從中多少收穫好處，而變得對其熟視無睹，乃至暗中默許、縱容與共謀，詔令與制度的實際效力則逐步衰減，最終淪爲一道道堂皇却乏力的具文，此時，制度與帝國往往也就離末日不遠了，容身其中的官吏自然隨之無處棲身，各方同歸於盡。”[2]邊地對皇帝詔令陽奉陰違，不去嚴格執行，從而導致公信力下降，引發“武威候令史”等人攻牢救死罪囚後逃亡。這無疑“皇帝的無奈”一個很好的注脚，雖然是在昭宣之治的盛世下，邊地官吏依然可以讓皇帝“無奈與無力”。懸泉漢簡“攻牢簒死罪囚”事件的發生及西北漢簡中記録的犯罪逃亡案件，説明邊地在社會治理方面存在較大的問題，治理體系尚存在很大的漏洞，值得我們重視。

A Study on the Social Security Issues in Border Areas as Seen by bamboo slips of Han Dynasty ——From the case of “the Scribe Director of Wuwei Scouting to attack prison” which was recorded in the bamboo slips of Han Dynasty in Xuan Quan

Yaolei Zhanghang

Abstract: In the Han Dynasty, the cases of prisoners who were convicted of usurping the death penalty often occurred in parallel with the convicts and rebels who resisting the government. The case of “attacking a prisoner and usurping a prisoner to death” recorded in the bamboo slips of Han Dynasty in Xuan Quan was a rare case of a government official attacking a prisoner and usurping a prisoner. Based on this, we can study some problems in the period of Emperor Xuan of the Han Dynasty, such as Scribe Director’s attacking prison, the fate and escape direction of death prisoners in prison, etc. And analyze the reasons for the occurrence of “attacking prisoners and usurping the death penalty” . This paper discusses the deep-seated problems that appeared in the northwestern

〔1〕鄔文玲：《漢代赦免制度研究》，中國社會科學院研究生院博士學位論文，2003年，第32頁。

〔2〕侯旭東：《漢家的日常》，北京師範大學出版社，2022年，第191頁。

border area of the Han Dynasty and endangered social security, as well as the response and handling of such social security problems by the border governments.

KeyWords: Han bamboo slips in Northwest China; attack the prison; usurped prisoner; social governance

（姚磊、張航　信陽師範大學歷史文化學院）

安大簡《詩經》"矦六"説解及其後之題記釋讀*

黄武智

提　要：從安大簡《詩經·矦風》與《毛詩·魏風》對應的情形、先秦時人的觀念與習慣，以及先秦同一文本的不同傳抄本間題名、章節可能不同的情形觀之，學者所提《矦風》國風歸屬問題諸説中，"魏風説"較能合理解釋各種情形。此外，從"字體""合文和分章符號"可以發現《矦風》題記"作魚寺="與"魚者索人見"以下一段文字并非接續抄寫。循此思路，此處文字可讀爲"作餘之詩 / 餘者索人見。誰心畏之？余者畏之。"首句用以注記餘詩尚待抄入，後三句用以説明"餘詩"抄入的情形，并自述對詩旨的警惕。

關鍵詞：安大簡《詩經》　題記　矦六　矦風

安大簡《詩經》爲目前所見戰國唯一簡本《詩經》，故問世後即引發學界的關注，有關文字學、文獻學及《詩經》學方面的各項研究紛紛提出，其中學者亦留意各國風篇末"題記"所傳達出的訊息。

安大簡《詩經》各國國風正文後的"題記"文字中，"矦六""魏九"由於其前所載詩歌"風名"及"尾數"皆不同於《毛詩》，且即就安大簡《詩經》而言，篇數亦有不合之處，故引起學界關注。徐在國在《安徽大學藏戰國竹簡〈詩經〉詩序與異文》即點出此一問題。[1] 其後，《安徽大學藏戰國竹簡（一）》（以下簡稱"原釋"）中亦針對此處有所説解[2]，而許多學者亦就此一議題深入探討，提出許多説

---

* 本文爲中央宣傳部、教育部、國家語委等八部門"古文字與中華文明傳承發展工程"資助項目"戰國秦漢的典籍文明與知識世界"（編號 G3441）；貴州省 2019 年度哲學社會科學規劃國學單列課題"出土戰國秦漢簡牘典籍的史學研究"（編號 19GZGX27）研究成果之一。

〔1〕 徐在國云："《魏》《唐》兩國相連屬，簡本將《魏風》首篇《葛屨》與相鄰的《唐風》九首相合，標爲'魏九'。這是簡本《詩》的本來面貌，還是編者有意的歸類調整，或是簡本誤置而引發的連環錯誤，尚需進一步研究。"載徐在國：《安徽大學藏戰國竹簡〈詩經〉詩序與異文》，《文物》，2017 年第 9 期，第 61 頁。

〔2〕 參黄德寬、徐在國：《安徽大學藏戰國竹簡（一）》，中西書局，2019 年，第 3 頁。

法，主要有“王風説”“句風説”“晉風説”“唐風説”“魏風説”等。另一方面，“矦六”之後有“乍（作，以下或直接破讀）魚寺＿”等文字，徐在國認爲這些文字當屬抄手練筆所寫，内容并無意義，而夏大兆、王寧、雨田（網名）、曹建國、宋小芹與劉剛等學者則認爲“作魚寺＿”之後的文字當爲有意義，并提出不同説法。於此，本文擬藉由解析“矦六”的各種説解述評，討論其國風歸屬問題，并從“字體”“合文和分章符號”等方面討論“作魚寺＿”以下文字的性質與其抄寫情形，并從“文獻抄寫”的思路釋讀“作魚寺＿”與“魚者索人見”以下一段文字。

一、“矦六”諸詩國風歸屬問題

安大簡《詩經》標示“矦六”的六篇詩歌（以下簡稱《矦風》），所載詩歌可與今本《毛詩・魏風》對應，因而引發其國風歸屬問題。於此，陳民鎮曾歸納出六種説法：“王風説”“晉詩説”“唐風説”“魏風説”“句風説”與“檜風説”，值得參考。[1]然而，陳先生所提“齊詩説”，將《毛詩》《魏風》《唐風》皆視爲“齊詩”，則未能明確説明安大簡《矦風》究屬何國國風的問題（詳下），爲與其他諸説標準一致，今以“齊風説”作爲分類依據論述。此外，“檜風説”爲王化平在安大簡《詩經》讀書班討論之説[2]，唯其後王先生有期刊論文發表而改主“魏風説”，今以後者所提爲主。然則，學界的説法主要可分爲“王風説”“句風説”“晉風説”“唐風説”與“魏風説”五種説法。以下，分别針對五種説法加以説明、討論：

第一，王風説。黄德寬引鄭玄《毛詩譜》及朱熹《詩集傳》之説，認爲《毛詩》所載《王風》不歸“雅”而歸“風”，有“貶之”之義，而之所以未依其他國風命名的習慣稱“周”，而稱“王”，乃因“其王號也”。安大簡《詩經》則進一步貶而爲“侯”，而《矦風》所載六篇詩歌與《王風》無法對應的原因，則“疑爲抄手誤置所致”。[3]案：《矦風》所載諸詩與《王風》無法對應，且安大簡《詩經》未録《王風》之詩，故學界多不採信此説。

第二，句風説。子居（網名）讀“矦”爲“句”，并引《水經注・汾水》《玉篇》所載，認爲“戰國時取安邑的‘㽛’地爲魏風别名，這大蓋與邶、墉已亡而衛風仍别爲邶、墉、衛三風，豳早亡而國風仍收有豳風類似，是一種崇古的傾向使

〔1〕 參陳民鎮：《安大簡〈國風〉的次序及“侯風”試解》，《北方論叢》，2020年第1期，第25頁。

〔2〕 參王化平：《安大簡〈詩經〉讀書班・安大簡〈詩經〉討論紀要（2019.10.1）》，西南大學漢語言文獻研究所網站，2019年10月7日，http://wxs.swu.edu.cn/s/wxs/index52/20191007/3787975.html。

〔3〕 參黄德寬、徐在國：《安徽大學藏戰國竹簡（一）》，第2頁、第115頁。

然”。[1]案：王寧認爲《國風》以國爲名，“㺃”爲安邑的一小地名，經傳不見有載爲國者，不足以作爲《國風》的題名[2]，所駁在理。此外，文獻未載“㺃風”一詞，依此命名與當時之觀念不符，詳下。

第三，晉風説。夏大兆認爲“矦風”即“晉風”，因爲《矦風》六篇全屬《毛詩·魏風》，而魏被晉所滅；晉君的爵稱爲“侯”，而安大簡《詩經》可能是源自晉地，故“侯六”之“侯”爲晉國自稱。[3]此外，侯乃峰認爲安大簡《詩經》抄寫者將“晉風”的“晉”通假字“疾”看錯成“矦”，故誤抄爲“矦”。[4]

案：以上“句風説”與“晉風説”建立在安大簡《詩經》將原屬《魏》風的詩歌改題名爲“句風”或“晉風”的前提上，然先秦時是否有此種作法，則大可商榷。考文獻所及，時人所稱15國風者均未見“晉風”“句風”等詞語或類似概念。此外，此説亦與《詩經·國風》命名之取義不符：《國風》所謂“國”者，其初乃以邦國名稱標誌詩歌之出處，其後邦國之所屬雖有所轉移亦不改其名，以表明詩歌之所出，故所謂“國”者，乃取其“地望”義，而非取其“政權”義，如嚴虞惇所云：“魏先於唐，猶邶墉先於衛，不曰晉，曰唐，從始封也。”[5]考《魏風》所記詩歌産生地點，《毛詩注疏》載：

> 《地理志》云：“河東郡有河北縣，《詩》魏國也，晉獻公滅之，封大夫畢萬。”皇甫謐云：“舜所營都”，或云“蒲阪即河東縣”，是也。禹受禪，都平陽或安邑，皆屬河東。[6]

《魏風》諸詩取自“河東”地區的詩歌，即《詩經》所稱“魏國”之地。[7]儘管當時

[1] 參子居：《安大簡〈詩經〉“侯”風及清華簡“厚父”試説》，中國先秦史網站，2017年10月21日，https://www.xianHoun.tk/2017/10/21/401。

[2] 參王寧：《安大簡〈詩經〉“侯”臆解》，復旦大學出土文獻與古文字研究中心網站，2019年4月6日，http://www.gwz.fudan.edu.cn/Web/Show/4411。

[3] 參夏大兆：《安大簡〈詩經〉“侯六”考》，《貴州師範大學學報（社會科學版）》，2018年第4期，第121—124頁。

[4] 參侯乃峰（網名“汗天山”）：簡帛網“安大簡《詩經》初讀”，2019年10月2、6、7日留言，http://www.bsm.org.cn/forum/forum.php?mod=viewthread&tid=12409。

[5] [清]嚴虞惇：《讀詩質疑》卷首四，四庫全書本，頁62b。

[6] [漢]毛亨傳、[漢]鄭玄箋、[唐]孔穎達正義：《毛詩注疏》卷五《魏葛屨詁訓傳第九》，[清]阮元校《重刊宋本十三經注疏附校勘記》本（清嘉慶二十年南昌府學刊本），藝文印書館，1997年，第206頁。

[7] 此處所稱“魏國”被晉國所滅後封給大夫畢萬，即戰國時期“魏國”之始封地，《史記·魏世家》載：“魏之先，畢公高之後也。……。其苗裔曰畢萬，事晉獻公。獻公之十六年，趙夙爲禦，畢萬爲右，以伐霍、耿、魏，滅之。以耿封趙夙，以魏封畢萬，爲大夫。”（載[漢]司馬遷撰、[南朝宋]裴駰集解、[唐]司馬貞索隱、[唐]張守節正義：《史記》卷十四《魏世家》，中華書局，2010年，第1835頁）故《詩經》所言“魏國”，與戰國“魏國”屬不同政權之相同國名。

魏地屬晉國，然於《國風》中仍稱"魏風"，不稱"晉風"，取其"地望"意義，以言其詩取自此地。

另一方面，晉國始封地當爲"唐"，《毛詩注疏》載：

> 成王封母弟叔虞於堯之故墟，曰唐侯。南有晉水，至子燮改爲晉侯。[1]

晉國始封於"堯之故墟"，始封地名稱爲"唐"，其後雖改名爲"晉"，於《詩經》中仍名爲"唐風"，取其"地望"意義，以別於兼并其他地區、領土擴大後之"晉國"。由此可知，《魏風》《唐風》之"魏""唐"二字取其"地望"意義，而非"政權"意義，亦不因其後"邦國"名稱之改變而變，以明詩歌本源。

將國風"風名"因爲該地區被他國統治而改變名稱的作法，與《詩經》以國名標示詩歌"地望出處"的觀念不同，此即何以《衛風》《邶風》《墉風》在《詩經》中始終分爲三國風，而未因邶、墉被衛所滅而合稱爲"衛風"的緣故。此外，《詩經》爲先秦時期各貴族士人必須學習的經典之一，且廣泛地應用在各種場合，故國風名稱當亦有某種程度的一致性。因此，將"魏風"改稱爲其他國風的作法，恐不符合時人的觀念與習慣。

第四，唐風説。王寧認爲"矦"可能是"煬"（或"𦨮"）字的表意字，而被誤書作"侯"形，可讀爲"唐"，之所以作爲《毛詩・魏風》諸詩的題名，只是篇題互相錯置。[2] 再者，陳民鎮認爲安大簡《矦風》《魏風》與《毛詩》無法對應的現象有兩種可能，第一種可能是：無論是唐還是魏，皆爲晉所并，故《唐風》和《魏風》大體上都可以歸入"晉詩"，安大簡本當存在晉詩内部尚未明確離析的情形。第二種可能是彼時《魏》《唐》二風已有較明確的區分，而"矦"實際上便是"唐"，只是安大簡的抄寫者誤將"矦（唐）""魏"的風名分别安到《魏》和《侯（唐）》之上。[3] 此外，曹建國、宋小芹認爲"矦六"之後的文字可讀爲"昔虞之詩"或"唐虞之詩"，表示所抄詩歌爲"唐風"。[4]

案："矦"字是否爲"煬"（或"𦨮"）字誤書無直接證據，且戰國文字中亦未見

---

〔1〕［漢］毛亨傳、［漢］鄭玄箋、［唐］孔穎達正義：《毛詩注疏》卷六《唐蟋蟀詁訓傳》，第215頁。

〔2〕參王寧：《安大簡〈詩經〉"侯"臆解》，復旦大學出土文獻與古文字研究中心網站，2019年4月6日，http://www.gwz.fudan.edu.cn/Web/Show/4411。

〔3〕參陳民鎮：《安大簡〈國風〉的次序及"侯風"試解》，《北方論叢》，2020年第1期，第25頁。案：有關第一種可能，在歷史上"魏""唐"二者後歸於"晋"，與在文獻上改題《魏風》《唐風》爲"晋風"二者，乃屬二事，故其説仍不屬"晋風説"。

〔4〕參曹建國、宋小芹：《從"侯風"論安大〈詩〉簡的文本性質》，《南開學報（哲學社會科學版）》，2021年第5期，第178—185頁。

“從勹從矢，像矢中人形”的會意字“矧”（或“𥎦”）。此外錯置之説無法解釋的是，安大簡上“矦”“魏”二字并非單獨抄寫，而是與其後之尾數“六”“九”同時抄寫爲“矦六”“魏九”，如果是相互錯置的話應該連同“六”“九”二字同時錯置，故此説仍待商榷。

第五，魏風説。胡平生認爲《矦風》即《魏風》，認爲寫作“矦”的緣故是因爲安大簡《詩經》的祖本爲魏人所抄寫，而魏文侯或魏武侯在戰國時期稱“侯”，故抄寫者稱《魏風》爲《矦風》。〔1〕此外，胡寧認爲“侯”可讀爲“魏”，至於其後何以再有“魏”，可能是簡本《矦風》與《魏風》（對應《毛詩·魏風》一首、《唐風》九首）抄自不同的簡册，而《矦風》底本原本即僅有六篇，并在其後抄寫《魏風》（對應《毛詩·魏風》一首、《唐風》九首）底本時發現《葛屨》之後的其他諸篇内容與《矦風》重複，於是改抄《唐風》九篇；此處題名可能原來是“魏一唐九”，後因輾轉傳抄時佚“一唐”二字，而形成今所見“魏九”二字。〔2〕王化平認爲戰國時魏國佔有晉國故地，故將原屬《唐風》部分改題爲“魏”，也因此而將原屬《魏風》部分改題爲“矦”。〔3〕

案：“魏風説”的優點在於能將《矦風》所載詩歌與《毛詩·魏風》對應，唯尚需解釋者爲何以安大簡《詩經》另有“魏”之題名。有關此一問題，王化平認爲安大簡《詩經》“矦”“魏”二風的題名乃魏人刻意更改而成，然如上文討論“晉風説”所辨，此説乃與時人對《國風》命名的觀念與習慣不符。另外，胡寧從文獻抄寫的角度説明，值得參考，唯胡先生所敘較爲簡要，且“矦”“魏”二字讀音差别較大，視爲“通假”較爲牽强，其説可再進一步補充、調整。

先秦時期相同文本的不同傳抄本因爲不同題名的緣故，而在傳抄時被重複採用并導致抄寫計劃臨時更動的情況，可以參考清華簡三《芮良夫毖》簡背“周公之頌志”被刮除的狀況。清華簡三《芮良夫毖》簡1背後原有“周公之頌志”等字，後

〔1〕參胡平生：《安大簡〈詩經〉“矦”爲“魏風”説》，西南大學漢語言文獻研究所網站，2019年9月30日，http://wxs.swu.edu.cn/s/wxs/index52/20190930/3782252.html。

〔2〕參胡寧：《安大簡〈詩經〉“侯六”及相關問題析論》，上大古代文明研究中心微信公衆號，2019年10月6日。

〔3〕參王化平：《安大簡〈詩經〉“侯六”“魏九”淺析》，《北方論叢》，2020年第1期，第17頁。另外，王化平有關此一議題之説，另見王化平：《安大簡〈詩經〉讀書班·安大簡〈詩經〉討論紀要（2019.10.1）》，西南大學漢語言文獻研究所網站，2019年10月07日，http://wxs.swu.edu.cn/s/wxs/index52/20191007/3787975.html；據傳世文獻中的《國風》次序，懷疑“侯”實即《毛詩·檜風》，又認爲在安大簡中“唐”“魏”是混淆的，而魏爲晉所滅，晉自可稱“侯”，故安大簡内的“侯”相當於《毛詩·唐風》。王先生網文與期刊論文説法不盡相同，此處依期刊之説。

被削除。於此，賈連翔認爲抄寫者原本打算抄寫《周公之琴樂》與《周公之頌志》兩篇竹書，於是在簡背先寫好題目，待實際抄寫完《周公之琴樂》後才發現《周公之頌志》與其内容一樣，於是將原來已經寫好的篇名“周公之頌志”刮除，而改抄《芮良夫毖》。[1] 賈連翔之說雖屬推論，但此種推論亦符合簡本文獻的傳抄情形：簡本文獻中，同一文本的不同傳抄本間題名不同，且抄録内容或多或少有所參差的情況并不罕見，例如上博楚簡《孔子詩論》所載詩名即有與《毛詩》不同者；另外，郭店《老子》、馬王堆漢墓《老子》及王弼《老子注》本，以及郭店楚簡、上博楚簡《緇衣》及傳世本《禮記・緇衣》，在同一文本的不同傳抄本間，抄録的章數多寡即不盡相同。另一方面，抄寫前必須先準備底本，若未事先將底本簡册一一展開，檢視其中内容，僅依底本簡册外部的題名判斷，則可能出現將同一文本的不同傳抄本視爲兩種文本的情形。因此，類似的情況同樣也可能出現在安大簡《詩經》的抄寫上，即抄寫者在抄寫前所準備的底本中同時包含提名爲“矦”和“魏”的兩本簡册，且兩本簡册所載詩歌不盡相同，抄寫者原本以爲是兩種不同的文本，但在實際抄寫時才發現兩本簡册所載詩歌有所重複，故臨時更動抄寫計劃，在抄寫完《葛屨》之後不抄寫重複篇目，而改抄對應《毛詩・唐風》的詩歌。

此外，胡平生有關“矦”字的說解與夏大兆相同，二者皆從抄寫者與抄寫對象的關係討論“矦”字的用法，值得參考。因爲撰寫者與撰寫對象間的關係，而將原本文獻上的某一個字改用另一個字來稱呼，在先秦文獻中并不罕見:《春秋》中以“我”稱“魯國”;《詩經》中“周王”直轄地區之民間詩歌稱爲《王風》，即爲此種觀念下的作法。鄭玄《詩譜》載：

> 申侯與犬戎攻宗周，殺幽王於戲。晉文侯、鄭武公迎宜咎於申而立之，是爲平王，以亂故徙居東都王城。於是王室之尊與諸侯無異，其詩不能複雅，故貶之，謂之王國之變風。[2]

《王風》諸詩的産生地區爲東都王城，其産生時間、地點等背景與風格已與大、小《雅》詩有所不同，故被歸爲“風詩”；儘管如此，“然其王號未替也，故不曰周而曰王”[3]。對於天下人而言，由於周天子的地位爲“王”，故稱王畿附近所産之“風

〔1〕參賈連翔:《戰國竹書形制及相關問題研究——以清華大學藏戰國竹簡爲中心》，中西書局，2015年，第207—208頁。

〔2〕載［漢］毛亨傳、［漢］鄭玄箋、［唐］孔穎達正義:《毛詩注疏》卷四《王黍離詁訓傳第六》，第147頁。

〔3〕［宋］朱熹:《詩集傳》卷四《王一之六》，中華書局，2011年，第55頁。

詩”爲“王風”，而不似其他《國風》依邦國名稱而稱爲“周風”，這種說法乃立基於周天子與稱呼者之間的關係。由此觀之，戰國時魏人將源於魏地民間詩歌的《魏風》尊稱爲《矦（侯）風》的作法，乃不無可能。

最後，若如胡寧所説《魏風》標題、尾數可能原來是“魏一唐九”，後因輾轉傳抄時佚“一唐”二字，而形成今所見“魏九”二字，則前述臨時更動抄寫計劃的情況乃在安大簡《詩經》的底本之前即已發生，而安大簡《詩經》僅按其底本的文本結構抄録而已。然而，在題名中含蓋兩種文獻的情况未見於任何傳世、出土文獻，故此説仍待更多論據支持。值得注意的是，比較安大簡《詩經》、《毛詩》個別國風所載詩歌的次序可以發現，安大簡《詩經》對應《毛詩・唐風》的 9 首詩中有 3 首次序與《毛詩》不同，佔簡本現存詩歌的 1/3，比例明顯高於其他國風：《周南》《召南》的次序完全相同；《秦風》1 首，佔簡本現存詩歌的 1/10；《矦風》2 首，佔簡本現存詩歌的 1/6。以上除《周南》《召南》外，其餘諸國風詩歌次序比較如下：

表 1　安大簡《詩經》、《毛詩》個別國風所載詩歌次序比較表

國風	傳本	所載詩歌次序	次序不同比例
秦	毛詩	車鄰、駟驖、小戎、蒹葭、終南、黄鳥、晨風、無衣、*渭陽*、權輿	1/10
	簡本	車鄰、駟驖、小戎、蒹葭、終南、黄鳥、*渭陽*、晨風、無衣、權輿	
矦	毛詩	（葛屨）、汾沮洳、園有桃、*陟岵*、*十畝之間*、伐檀、碩鼠	1/6
	簡本	汾沮洳、*陟岵*、園有桃、伐檀、碩鼠、*十畝之間*	
魏	毛詩	蟋蟀、山有樞、*揚之水*、椒聊、綢繆、（杕杜）、羔裘、鴇羽、*無衣*、*有杕之杜*（葛生、采苓）。	1/3
	簡本	（葛屨）、蟋蟀、*揚之水*、山有樞、椒聊、綢繆、*有杕之杜*、羔裘、*無衣*、鴇羽	

以上，以斜體下劃線字體表示在對應國風中次序不同的詩歌。因此，另一種可能的情况是，安大簡《詩經》的抄寫者採用的底本《唐風》中，後者底本簡册散亂、部分竹簡有所亡佚，而亡佚的内容中即包含原來抄録標題“唐”的竹簡（標題一般寫在末詩之後或簡背，《毛詩・唐風》末詩《采苓》未見於安大簡《詩經》，頗疑原標題“唐”即抄於所載簡中）。因此，抄手僅能依第 1 首詩《葛屨》的底本標題“魏”題名；至於尾數作“九”則當屬誤計，或僅據底本《唐風》而計，而漏計《葛屨》1 首所致。

綜上所述，“王風説”因爲《矦風》所載詩篇與《王風》無法對應，當可排除。“句風説”與“晉風説”建立在抄寫者將《魏風》改稱爲其他國風的前提上，并不符合《國風》命名的觀念與使用習慣。至於"唐風説"與"魏風説"，從抄寫者與抄寫對象的關係説解"矦"字，尚符合當時以"爵位"稱呼抄寫者所屬邦國的觀念，唯"唐風説"所主"矦""魏"相互錯置之説，無法解釋"矦""魏"二字之後的尾數"六""九"何以未同時錯置的現象；而"魏風説"中，胡寧從文獻抄寫的角度解釋安大簡《詩經》中何以同時出現指稱"魏風"之"矦""魏"二字，其説符合簡本文獻傳抄的情況，今從其説，唯"矦六"之"矦"當依胡平生的説法，爲抄寫者對其邦國"魏"的尊稱。因此，本文以爲上述諸説中，"魏風説"較能合理解釋各種情形。

值得注意的是，安大簡《詩經》"矦六"後面的題記文字"作魚寺₌■魚者索人見隹心虫之畨者虫之"，其内容或亦與補入《矦風》所缺詩歌相關，詳下。

二、"作魚寺₌"以下文字之性質與其抄寫情形

《矦風》正文後的題記，除篇名、尾數"矦六乚"外，另載：

> 作魚寺₌■　魚者索人見隹心虫之畨者虫之。（簡83）

目前有關於此段文字是否有意義有兩種説法：其一認爲是抄手習書、練筆所寫，内容并無意義，原釋載：

> 徐在國認爲是習書，比如"作""寺₌"等字，均見於上述簡文。因爲寫完"矦六"後簡有空白，抄手就寫了一些簡文中的字以練筆。[1]

其二是將它視爲有意義的内容（詳下）。

針對習書、練筆之説，劉剛指出《鄘風》《魏風》末簡皆留有足够的空間，但卻没有習書文字，以及此段文字大部分爲常用字，當無練筆需求的問題反駁其説[2]，所駁在理，且《周南》末簡（簡20）亦有空白之處。另一方面，若先不慮及此段文字的解讀，其是否有意義的問題，尚可以從以下兩個方面考慮：

第一，字體。"魚者索人見"以下一段文字，部分文字與同屬"題記"的"作魚寺₌"，以及此段文字附近出現之相同文字字體明顯不同，如"魚""者""隹""心""之""畨"等字。今將"魚者索人見"以下一段文字（簡83）與其附近出現的相同文字字體製表比較（表2《〈矦風〉題記文字與附近文字比較表》），可以發現，被比較字字迹甚至出現較爲潦草的情況（畨）。值得注意的是，

〔1〕 黄德寬、徐在國：《安徽大學藏戰國竹簡（一）》，第125頁。

〔2〕 參劉剛：《安大簡〈詩經〉尾題"矦六"下四句簡文釋讀》，《湖北文理學院學報》，2022年第43卷第1期，第33頁。

同屬《矦風》題記的“作魚寺₌”諸字，字體亦與“魚者索人見”以下文字不同。由此可知，“魚者索人見”以下一段文字抄寫次序當在安大簡《詩經》正文抄寫完畢之後，且恐怕是另一個人所寫。再從其字距明顯小於通篇簡文來看，寫這段文字的人在抄時所剩的竹簡長度比較短，故需要將字距縮小，以便將所有内容都抄進去。因此，合理的推測是：這些文字是在第一次抄寫完正文與標題、尾數後，再利用簡 83 剩餘的空間抄寫一段語意完整的内容。

第二，合文和分章符號。這段文字中有合文符號“₌”和分章符號“■”，如果是練筆的話當以練字爲主，應該無需練習合文符號與分章符號。

從以上幾點觀察，“作魚寺₌”以下一段文字當爲有意義的内容。

表 2 《矦風》題記文字與附近文字比較表

被比較字	比較字（附近出現之相同文字）	説明
 魚	 083	右下方“捺”二筆畫，被比較字直接提筆而後字水平右提收筆，比較字則直接提筆；字形結構亦有小異。
 者	 083	上旁“之”筆勢有異，尤其是第三畫尾端向上提起。
 隹	 082  085	被比較字與比較字二者字體明顯不同，尤其是“隹”字左邊“人旁”竪筆方向。
 心	 075  076  101	被比較的“心”字左右上方有曲筆，明顯與比較字 076、101 不同，雖較接近 075，但用筆仍有明顯差異。
 之	 082  083  085	被比較的“之”字形狀較爲方正，其附近出現的“之”字形狀較爲扁平。
 番	 081  115  116	被比較字字迹較潦草，比較字的字迹較端正。

三、"作魚寺＝"釋讀

有關"作魚寺＝"的釋讀，夏大兆云：

簡文"矦六"之下有"作魚寺＝"，應讀爲"作吾之詩"。"作"字異體。"魚"，讀爲"吾"，第一人稱代詞，指上文"矦六"之"矦"……"寺"，右下有合文符號，讀爲"之詩"。這正如《春秋》經是魯國的編年史，凡説到魯國皆稱"我"，共有50處，無稱"魯"者。[1]

認爲"作魚寺＝"當讀爲"作吾之詩"，爲《矦風》母本抄寫者所寫，用以表明《矦風》爲母本抄寫者所屬邦國之詩歌。此外，王寧則將"作魚寺＝"視爲標示《唐風》第一篇《汾沮洳》的文字，其云：

據徐在國先生文中介紹，安大簡《詩經》都是在每風的篇題後面給出該風第一首詩的名稱，它的《唐風》第一篇是《汾沮洳》，安大簡本作《作魚之詩》，"作魚"就是"沮洳"，"作"與"沮""魚"與"洳"都是音近的字，可以通假，故《作魚之詩》就是《沮洳之詩》。[2]

讀爲"沮洳之詩。"以上，曹建國、宋小芹認爲夏大兆之説中此處第一人稱用"吾"，而下文又用"余"并不統一，且對於其相關解釋，例如爲何將個人詩句抄入其中、爲何傳到楚國等問題亦提出質疑；而針對王寧所説，則認爲安大簡題記并非全部標識首篇篇名，且對於"汾沮洳"爲何稱作"沮洳之詩"也有所持疑。於此，曹、宋二先生認爲"作魚寺＝"可釋讀爲"昔虞之詩"或"唐虞之詩"，其云：

簡文中的"魚"可讀爲"虞"，即晉國的始封君唐叔虞……而簡文中的"作"可以讀爲"昔"。昔、乍相通，文獻習見。

當然也不排除另一種可能性，即簡文中"作"是"亡"的訛字，而"亡"通"唐"。古文字"亡"、"乍"形近，常互訛……所以我們可以推測簡文中的"作"本爲"亡"，通"唐"，"唐虞之詩"即唐叔虞之詩，亦即"唐風"。[3]

認爲"作魚寺＝"爲記載詩歌所屬國的文字。案：夏大兆、曹建國、宋小芹之説建

---

〔1〕 夏大兆：《安大簡〈詩經〉"矦六"考》，《貴州師範大學學報（社會科學版）》，2018年第4期，第124頁。

〔2〕 王寧：《安大簡〈詩經〉"矦"臆解》，復旦大學出土文獻與古文字研究中心網站，2019年4月6日，http://www.gwz.fudan.edu.cn/Web/Show/4411。

〔3〕 曹建國、宋小芹：《從"矦風"論安大〈詩〉簡的文本性質》，《南開學報（哲學社會科學版）》，2021年第5期，第181頁。

立在《矦風》諸詩屬“晉風説”或“唐風説”的基礎上，其説如上所駁。此外，王寧之説如曹、宋二先生所疑，安大簡《詩經》題記標示該國風首詩者有“白（柏）舟”“葛婁（屨）”二詩，皆徑提全名而未加“之詩”二字，故其説仍待商榷。

值得注意的是，雨田（網名）提供了另一種解讀的思路，其云：

> “魚者索人見隹心虫之黍者虫之”，整理者疑爲習書，今疑爲解釋性的話語。〔1〕

認爲“作魚寺₌”之後的文字爲“解釋性的話語”。另外，劉剛認爲是“評論性”文字，并讀“作魚寺₌”爲“作語以時”，其云：

> 魚：當讀爲“語”……作語：意爲“創作歌詩語句”……“之”在句中當作介詞，用法同“以”……裴學海《古書虛字集解·“以”字條》説：“‘以’猶‘之’也。‘以’‘之’爲疊韻字，故‘以’訓‘之’，‘之’亦訓‘以’。互見‘之’字條。”又《“之”字條》説：“‘之’猶‘以’也。”〔2〕

案：“語”與“詩”當爲不同概念，此處若指《矦風》諸詩，當寫“作詩”，而非“作語”。另外，古漢語中虛詞“之”一般用作指示代詞和結構助詞，未見作介詞的用法，故上引裴學海《古書虛字集解·“以”字條》“‘以’猶‘之’也”後，裴先生續云“一同口語之‘的’，一爲指示之詞”。且《“之”字條》亦僅説明此兩種用法〔3〕，然則“之”無法讀爲用作介詞的“以”。故而，上述讀法難以成立。

就目前可見之戰國簡本文獻觀之，少部分文獻會在竹册中加入“批註”。所謂的“批註”，指的是對於這份文獻的補充説明，并無特定内容，可能是對於文本内容的補充，也可能是説明文本的來源。舉例而言，上博楚簡有《競建内之》一篇，“競建内之”四字是該篇簡册的批註，用來説明該篇簡册乃由“競建”收入而得。循此思路，若將此段文字視爲關於《矦風》的批註，與“競建内之”的用意類似，用以交代詩歌的録入情形，亦不失爲一種合理之説解。

安大簡《詩經·矦風》相對於《毛詩·魏風》佚《葛屨》一詩，故安大簡《詩經》或其底本皆可能在其後加注與這種情況有關的説明。此段文字的内容恐怕與尚未抄入《矦風》的剩餘詩歌（《葛屨》）有關，且依其内容釋讀，應該是第一次抄寫安大簡《詩經》時所寫，用以標注補抄《矦風》所餘之詩一事。然則，“作魚寺₌”疑可釋讀爲“作餘之詩”。“寺₌”諸家皆讀爲“之詩”二字，今從。“作魚”二字訓

〔1〕雨田（網名）：簡帛網“安大簡《詩經》初讀”，2019年9月25日留言，http://www.bsm.org.cn/forum/forum.php?mod=viewthread&tid=12409。

〔2〕劉剛：《安大簡〈詩經〉尾題“矦六”下四句簡文釋讀》，《湖北文理學院學報》，2022年第1期，第34頁。

〔3〕裴學海：《古書虛字集解》，中華書局，2004年，第29—30、719—720頁。

讀如下：

第一，“作”可訓作“作爲”的“作”或“爲”[1]，指“從事某種活動”或“做某事”。訓作“爲”的“作”字可泛指各種動作與行爲，其意義須視上下文而定。《周禮·地官·小司徒》“以作田役”句，鄭玄注：“作，爲也。”[2]作田役，即做田役之事。《呂氏春秋·審分》“今以衆地者公作則遲”句，高誘注：“作，爲也。”[3]公作，即一起耕作。《孟子·滕文公上》“且一人之身，而百工之所爲備”句，趙岐注：“一人而備百工之所作。”焦循《正義》云：“諸經注或以爲釋作，或以作釋爲……作，即爲也。”[4]因爲“作”“爲”二者意義接近，故典籍異文中多有互用的例子，《尚書·舜典》“汝作司徒”[5]、《尚書·益稷》“率作興事”[6]二句，《史記·五帝本紀》作“汝爲司徒”[7]、《史記·夏本紀》作“率爲興事”[8]。以上“作”字，皆訓作“爲”，指“從事某種活動”或“做某件（些）事情”。典籍中未見“作”訓作“抄寫”的語料，恐怕與抄書一事乃屬庶務性文書工作，猶如現在的打字，在傳世文獻中被特別記載下來且流傳至今的機率較低相關。儘管如此，許慎《説文解字》中常見的用語“古文作某”“篆文作某”，其中“作”字訓作“寫成”，故“作”可訓作“寫”當無疑慮，而訓作“抄寫”亦可與其語意相符。然則“作餘之詩”即“爲餘之詩”，對於安大簡《詩經》的抄寫者而言，此處“作”的意思可以理解爲“抄寫”。

第二，“魚”可讀爲“餘”。上古音“魚”字“疑母魚部”，“餘”字“餘母

〔1〕《故訓匯纂》“作”字條，第35項載：“作，爲也。”36項載：“作者，爲也。”37項載：“作訓爲。”38項載：“作即爲也。”39項載：“作，爲也，有加其度也。”40項載：“‘作’作‘爲’。”（指异文材料中“作”字作“爲”字）顯見“作”字可訓作“爲”。以上載宗福邦、陳世鐃、蕭海波：《故訓匯纂》，商務印書館，2003年，第103頁。

〔2〕［漢］鄭玄注、［唐］賈公彦疏：《周禮注疏》卷一一《小司徒》，［清］阮元校《重刊宋本十三經注疏附校勘記》本（清嘉慶二十年南昌府學刊本），藝文印書館，1997年，第169頁。

〔3〕［戰國］吕不韋編、陳奇猷校釋：《吕氏春秋新校釋》卷一七《審分》，上海古籍出版社，2002年，第1042頁。

〔4〕以上《孟子》正文及趙岐注、焦循《正義》之文，載［戰國］孟軻、［清］焦循正義：《孟子正義》卷五《滕文公上》，中華書局，2017年，第399頁。

〔5〕［漢］孔安國撰、［唐］孔穎達疏：《尚書注疏》卷三《舜典》，［清］阮元校《重刊宋本十三經注疏附校勘記》本（清嘉慶二十年南昌府學刊本），藝文印書館，1997年版，第44頁。

〔6〕［漢］孔安國注、［唐］孔穎達疏：《尚書注疏》卷五《益稷》，第74頁。

〔7〕［漢］司馬遷撰、［宋］裴駰集解、［唐］司馬貞索隱、［唐］張守節正義：《史記》卷一《五帝本紀》，第39頁。

〔8〕［漢］司馬遷撰、［宋］裴駰集解、［唐］司馬貞索隱、［唐］張守節正義：《史記》卷二《夏本紀》，第82頁。

（喻四）魚部”，二者皆屬魚部。[1]“魚”字可與讀爲“餘母魚部”的字通假，例如“予”“余”二字。《莊子·達生》“居，予語女”句[2]，《列子·黄帝》“予”作“魚”[3]。《古文字通假字典》載：

> 《三代》二〇·二五·一戈銘：“三年修余命（令）韓讙……”“修余”即“修魚”，今河南原陽。《史記·秦本紀》：“（惠文王后七年）韓、趙、魏、燕、齊共攻秦。秦使庶長疾與戰修魚。”[4]

“余”“魚”通假。此外，在古文字材料亦見“魚”“吾”二字通假例[5]，而“吾”“余”二字又有通假例[6]，然則“魚”“吾”“予”“余”等字可以通假。“余”“予”二字既與“餘”字古音可通（“余”字且爲“餘”字聲符），且文獻中多有通假例，故可與“余”“予”二字通假之“魚”字在語音上符合與“餘”字通假的條件[7]。“餘”爲旁指代詞，意思是“其他的”（也可理解爲“剩餘的”），“餘之詩”即“其他未抄録的詩歌”。

綜上，“作餘之詩”可理解爲“抄寫剩餘的詩歌”。這四個字的字距和正文一樣，可能是第一次抄寫完《矦風》内文後，抄寫者發現底本《矦風》僅載6首詩歌，未能遍載《矦風》或《詩經》所有詩歌，所以先注記下來，提醒未來須將“餘詩”補入。至於所補詩歌《葛屨》，由於發現時已在《矦風》之後抄寫《鄘風》完畢，故僅能補在《鄘風》後面。

值得注意的是“作餘之詩”以下一段文字，可能與安大簡《詩經》的擁有者對“作餘之詩”的進一步批注有關，詳下。

---

〔1〕曾運乾嘗於《喻母古讀考》中提出“喻四（喻母）古歸定”之説，然曾氏之説尚未獲得學界普遍認同。定母與疑母一屬舌音、一屬牙音，二者相距較大。關於此一問題，蕭婭曼曾於《源自甲骨文的以（喻四）母字所反映的音韵層次——喉音與舌齒音的歷史層次關係》（發表於“中國訓詁學研究會成立40周年紀念暨2021年學術年會”，上海交通大學人文學院，2011年6月5日—6月6日）一文中統計甲骨文與閩南語以母“又音”，認爲作爲輔音的喻四（“以/餘”母）後來發展爲兩個方向：其一是通過喉音高化前移帶出高元音丟掉輔音變爲零聲母，另外則前移至舌根音（牙音）、舌音、齒音而保有輔音聲母。然則，“以（餘）”母上古與舌、牙音仍可能具備語音上的關係。

〔2〕［戰國］莊周撰、［清］郭慶藩集釋：《莊子集釋》卷七《達生》，中華書局，1995年，第634頁。

〔3〕［戰國］列禦寇撰、楊伯峻集釋：《列子集釋》卷二《黄帝》，中華書局，1979年，第49頁。

〔4〕王輝：《古文字通假字典》，中華書局，2008年，第80頁。

〔5〕“魚/吾”二字通假例甚多，參王輝：《古文字通假字典》，第79頁；白於藍：《簡帛古書通假字大系》，福建人民出版社，2017年，第368頁。

〔6〕參高亨：《古書通假會典》，齊魯書社，1989年，第835頁。

〔7〕“余/餘”與“予/餘”通假例甚多，參高亨：《古書通假會典》，齊魯書社，1989年，第834頁。

四、"魚（餘）者索人見"以下文字釋讀

"魚者索人見"以下一段文字，目前學界有三種釋讀方案。第一，夏大兆讀爲"吾者昔人見，誰心忡之，余者忡之"，并云：

> 句意可理解爲作者見到了昔日友人，爲國事憂心忡忡，故寫下此詩。由於本句與"侯六""作吾之詩"寫于同一支簡上，"侯"指晉，則本句有可能是針對當時晉國國事而言。[1]

此説提供了一種説解本段文字的方案，唯依其釋讀，全詩共3句，字數分别是第一句5字，第二、三句皆爲4字，在全詩句數與首句字數方面，與當時以"雙數句""每句四言"爲主的《詩經》體裁出入較大，且原釋釋作"虫"之字，其字形"[illegible]"與"中"字仍有較大的差距，故其説仍有疑義，但讀"隹"爲"誰"、讀"畬"爲"余"值得參考，詳下。

第二，曹建國、宋小芹釋讀爲"虞者備人，見。惟心忡之，畬者忡之"。認爲"虞"即唐叔虞，并視"索"爲"備"的誤書，訓作"服"，且訓"見"爲"察是非"或"明"、"忡"爲"憂傷"、"畬者"爲"農民"，其云：

> 簡八〇的"索"或許是誤書或誤摹。何有祖懷疑此字上部與"備"形類，或可從。簡帛文獻中，"備"多與"服"通。
>
> 《説文》："見，視也。"而"視"即察是非之義。《尚書·洪范》之"五事"，其二曰"視"，孔傳："視，觀正。"孔穎達疏："視必當明"，"視能明，則所見照晢也。"注故"視"可訓察是非，見《釋名》。而"見"亦可訓"明"，如《吕氏春秋·明理》："有晝盲，有霄見。"高誘注："霄，夜。見，明。"
>
> 畬爲開墾過二、三年的田……"畬人"即"畬民"，猶言農人。[2]

認爲全句大意在於説明唐叔虞治民睿哲有成就且能憫傷農民。案：有關曹、宋之説：第一，視"索"爲"備"字的誤書乃屬推測；第二，所引《説文》用"視"訓"見"乃以"同（近）義詞"爲訓，訓詁詞與被訓詞之間意義仍有差别，不可徑視爲"等義詞"，且孔穎達所謂"視必當明"亦無訓"視"爲"明"的意思；至於高誘所注"明"是"明亮"的意思，與用以形容爲政者"睿明"詞義仍有差距；第三，古漢語

---

〔1〕夏大兆：《安大簡〈詩經〉"侯六"續考》，《北方論叢》，2020年第1期，第13頁。

〔2〕曹建國、宋小芹：《從"侯風"論安大〈詩〉簡的文本性質》，《南開學報（哲學社會科學版）》，2021年第5期，第182—183頁。

中動詞或形容詞加上“者”可以成爲表示動作或具有某種屬性的名詞，但“畬”爲名詞，故與“者”字組合并非“農夫”的意思。此外，其説仍從《矦風》乃屬《唐風》的基礎上立論，所駁如上。

第三，劉剛讀爲“語者索人視，誰心弛之，黍者弛之”。其云：

> 索人：意爲“求索人……”“尋求人……”。見：當讀爲“視”……清華簡（三）《説命下》第三簡“以𣏟（益）見（視）事”句，“見”讀爲“視”，注：“視事，治理政事。
>
> 隹：當讀爲“誰”。虫，整理者隸定有誤，當隸定爲“它”。“它”讀爲“弛”……間接引申義爲解除、去除……之，代詞，指代評語第一句所指的時事，即矦風六篇涉及的時事。
>
> 南方楚人以“黍者”指代北方晉南（春秋魏國）的農人。[1]

認爲此三句乃作者對《矦風》六篇的總體評論。案：劉先生此處釋讀循前此讀“作魚寺＝”爲“作語以時”的思路，而此種釋讀難以成立，已如前述。而且，就上述釋讀而言，訓“視”爲“視事”已有超出字面意思之處，而釋“虫”爲“它”則罔顧“虫”“它”二字字形的差異，至於訓“黍者”爲“農人”如前所駁。因此，其説仍有較多的問題，唯所述“索人”訓解值得參考，詳下。

以上諸説皆有未愜人心之處，緣此，本文提出另一種釋讀方案供學界參考。本段文字抄寫於“作魚（餘）之詩”之後，循此思路，“魚者索人見”以下一段文字疑可斷讀爲：

> 魚（餘）者索人見。隹（雖）心虫（長）之，畬（余）者虫（長）之。

大意在説明補充抄入《葛屨》一詩或請人尋找其他未抄詩歌的情形，并抒發安大簡《詩經》擁有者的心情。訓解如下：

第一，魚者索人見，疑讀爲“餘者索人見”。“魚”字同上句“作魚之詩”之“魚”字讀爲“餘”，“餘者”即“餘之詩”，指的是其他尚未抄入《矦風》的詩歌；“索人”可以有兩種訓解，其一，“索”訓作“尋求”“求取”。“索人”一詞文獻恒見，《韓非子·難二》載：

> 桓公曰：“吾聞君人者勞于索人，佚於使人。吾得仲父已難矣，得仲父之後，何爲不易乎哉？”[2]

---

〔1〕 劉剛：《安大簡〈詩經〉尾題“矦六”下四句簡文釋讀》，《湖北文理學院學報》，2022 年第 1 期，第 34 頁。

〔2〕［戰國］韓非撰、陳奇猷校注：《韓非子新校注》卷一五《難二》，上海古籍出版社，2000 年，第 881 頁。

《漢書·嚴朱吾丘主父徐嚴終王賈傳》載：

> 夫竭知附賢者，必建仁策；索人求士者，必樹伯迹。[1]

以上，"索人"即"尋求（求取）人才"，"索"訓作"尋求、求取"，唯待釋句中之"人"字當作不定代詞，指"一般的人"，《管子·禁藏》載：

> 譽不虛出，而患不獨生，福不擇家，禍不索人。

"禍不索人"句房玄齡注云："雖貴人行惡，禍亦至矣。"[2]意即"災禍不會只降臨在特定的人"。《韓非子·八説》載：

> 有土之君，説人不能利，惡人不能害，索人欲畏重己，不可得也。[3]

"索人欲畏重己"即"求取别人畏懼并敬重自己"，值得注意的是，此處用法與待釋句"餘者索人見"相同，皆爲求取别人如何云云。

其二，將"索人"視爲一個名詞性詞組，指的是從事某種職務的人。《周禮》中載有各種職稱，其中無"士"以上等級者稱爲"人"，如"酒人""漿人""籩人""醢人""鹽人""縫人""舂人""饎人""稾人"等。《説文》"索"字載："艸有莖葉，可作繩索。"[4]索爲"繩索"義。"索人"一詞雖未見於文獻所載，然依此例之，"索人"亦可用於指稱負責與"繩索"相關的職稱。（編連竹書需要繩索；"索人"或指編連竹册的人，亦未可知。）另外，"見"可訓作"看見""看到"，這裡指的是"發現"。"餘者索人見"即"索人見餘者"。本句爲了强調賓語"餘者"而將之前置於句首，其用法如"禮云禮云，玉帛云乎哉！樂云樂云，鐘鼓云乎哉！"[5]句中，"禮""玉帛""樂""鐘鼓"等賓語置於動詞"云"之前般。綜上所述，"餘者索人見"可以有兩種解釋方式：其一是指《矦風》的另一首詩《葛屨》是由"索人"發現，其二是指請求他人尋找《鄘風》與對應《毛詩·唐風》的其他詩歌。因爲安大簡《詩經》中《鄘風》對應《毛詩·唐風》的9首詩歌，與《毛詩》相較數量不足，故在抄手第一次抄完安大簡《詩經》後，擁有者乃在"作餘之詩"後面進一步批註請人尋找的情形。這種解釋也符合此段批注出現的位置，因爲此前安大簡《詩

〔1〕［漢］班固撰、［唐］顔師古注：《漢書》卷六十《嚴朱吾丘主父徐嚴終王賈傳》，中華書局，1986年，第2823頁。

〔2〕以上《管子》正文及房玄齡注文，載［春秋］管仲撰、［唐］房玄齡注、黎翔鳳校注：《管子校注》卷十七《禁藏》，中華書局，2012年，第1013頁。

〔3〕［戰國］韓非撰、陳奇猷校注：《韓非子新校注》卷一八《八説》，第1042頁。

〔4〕［東漢］許慎著、［清］段玉裁注：《説文解字注》卷六《宋部》：黎明文化事業股份有限公司，1993年影印清嘉慶二十年經韵樓臧版本，第1104頁。

〔5〕［宋］朱熹：《四書章句集注》卷九《陽貨》，中華書局，1983年，第178頁。

經》中，《周南》《召南》與《秦風》所載詩歌皆可與《毛詩》對應，未有前者未抄的詩歌，故前述三國風後皆無需批註。

第三，隹心虫之，讀爲“誰心畏之”。夏大兆、劉剛讀“隹”爲“誰”，今從。“虫”上古音“曉母微部”，“畏”上古音“影母微部”，二者韻部相同，音近可通。“虫”字即“虺”字古字，傳世本《老子》五十五章“蜂蠆虺蛇不螫”句，郭店《老子》甲本作“蟲（蜂）蠆₌（蠆虫）它（蛇）弗蓋”，“蠆₌”爲“蠆虫”合文，即用“虫”字，而馬王堆帛書《老子》甲本作“逢𧎥（蠆）螝（虺）地（蛇）弗螫”。在“虫”旁增聲符“畏”，可見“虫”“畏”二字在楚文中音近，故“虫”可通假爲“畏”[1]。“畏”有“害怕”之意；“心畏”一詞亦見於其他出土、傳世文獻。郭店《性自命出》簡52、53載：

> 未賞而民歡（勸），含福者也。未型（刑）而民愄（畏），又（有）心愄（畏）者也。[2]

對應文句亦見載於上博楚簡《性情論》簡23，唯僅存“而民愄（畏），又（有）心愄（畏）者也”[3]。這段話在説明人民的心理，後句的意思是如果爲政者未使用刑罰即令民眾恐懼而不敢作奸犯科，這是因爲恐懼已經深入民眾的内心。《韓非子·定法》云：“法者，憲令著於官府，刑罰必于民心。”[4]即此等效果。《韓非子·解老》云：

> 人有禍則心畏恐，心畏恐則行端直。[5]

“心畏”即“内心害怕”。“之”當指“詩歌”。《詩·大序》云：“上以風化下，下以風刺上，主文而譎諫，言之者無罪，聞之者足以戒，故曰風。”[6]《詩經·國風》即有“刺上”的功能，故在上位者閲讀時得以自我警惕。值得注意的是，《毛詩·碩鼠·小序》載：“刺重斂也。國人刺其君重斂，蠶食於民，不脩其政，貪而畏人，若大鼠也。”[7]提到國君“畏人”的原因乃在“國人刺其君”，而《碩鼠》正在《矦風》

---

〔1〕白於藍：《簡帛古書通假字大系》，第570頁，“蟲與虺”“蟲與畏”條。

〔2〕荊門市博物館：《郭店楚墓竹簡》，文物出版社，1998年，第181頁。

〔3〕參黄武智：《上博楚簡“禮記類”文獻研究》，花木蘭出版社，2018年，第69頁。

〔4〕［戰國］韓非撰、陳奇猷校注：《韓非子新校注》卷四十三《定法》，第957頁。

〔5〕［戰國］韓非撰、陳奇猷校注：《韓非子新校注》卷六《解老》，第386頁。

〔6〕［漢］毛亨傳、［漢］鄭玄箋、［唐］孔穎達正義：《毛詩注疏》卷一《周南關雎詁訓傳第一》，第16頁。

〔7〕［漢］毛亨傳、［漢］鄭玄箋、［唐］孔穎達正義：《毛詩注疏》卷五《魏葛屨詁訓傳第九》，第211頁。

之中。《詩・大小序》的詮釋思路當可上溯至先秦，故安大簡《詩經》的擁有者在閱讀之時，心中乃起自我警惕之意，而於此寫下個人心情，當可理解。

第四，畓者虫之，"畓"字原釋徑釋爲"黍"字，今從。"黍"字可依夏大兆之説讀爲"余"，即第一人稱代詞的謙稱，作爲主語，而"者"字可視爲自指性詞綴，附著在"余"之後；或視爲語氣詞，用以强調前面的主語"余"。"余者畏之"一句，用以表明安大簡《詩經》的擁有者對於詩旨的警惕。

綜上，此處的批註爲："餘者索人見，誰心畏之，余者畏之。"旨在説明"餘詩"之抄入過程：剩下的那首詩請人發現，并自述擁有者對詩旨的警惕。

結語

本文針對安大簡《詩經・矦風》篇名、尾數"矦六"説解問題，以及"作魚之詩"以下一段文字之相關釋讀訓解提出討論，今撮要如下：

第一，從安大簡《詩經・矦風》與《毛詩・魏風》對應的情形、先秦時人的觀念與習慣，以及先秦同一文本的不同傳抄本間題名、章節可能不同的情形，討論《矦風》國風歸屬問題，認爲學者所提諸説中，"魏風説"較能合理解釋各種情形。

第二，從"字體""合文和分章符號"等方面考察，發現《矦風》題記"作魚寺="與"魚者索人見"以下一段文字并非接續抄寫，并依此提出釋讀方案，認爲可讀爲"作餘之詩 / 餘者索人見。誰心畏之？余者畏之。"首句用以注記餘詩尚待抄入，第二句用以説明"餘詩"抄入的情形，第三、四句則自述對詩旨的警惕。

The interpretation of *Hou-Liu*(矦六)in *The Book of Songs* in An Da Bamboo Slips and the interpretation of its following records

Wu Chih, Huang

Abstract: Viewed from the correspondence between *Hou-Feng*(矦風) in *The Book of Songs* in An Da Bamboo Slips and *Wei Feng*(魏風) in *Mao Shi*(毛詩), the concepts and habits of people in the pre-Qin period, and the possible differences in titles and chapters between different manuscripts of the same text in the pre-Qin period, what scholars have learned Among the theories about the attribution of national style in *Hou-Feng*(矦風), "the statement of *Wei Feng*(魏風)" can explain various situations reasonably. In addition, from the "fonts", "combined text and chapter division symbols", it can be found that the inscription " Zuo-Yu-Shi= (作魚寺=)" and " Yu-Zhe-Suo-Ren-Jian (魚者索人見)" in *Hou-Feng* (矦風) are not consecutive transcriptions. Following this line of thought, the text here can be read as "Write down other poems / Other Poems Ask People to Discover. Who is afraid of it? I am afraid of it." The first sentence is used to note that other poems are yet to be copied, and the last three sentences are used to Explain the situation of copying other poems, and describe the vigilance of the purpose of the poem.

Keywords：An Da Bamboo *Book of Songs*; Inscriptions; Hou-Liu (矦六); Hou-Feng (矦風)

（黄武智 百色學院文學與傳媒學院）

簡帛《詩經》異文類型與早期《詩經》流傳問題探論*

陳　晨

提　要：本文首先略述簡帛《詩經》異文的研究價值和現狀，主張簡帛《詩經》異文的分類當從廣義層面，分字、詞、章句三個維度。其次，以《毛詩》爲參照，統計了戰國秦漢各批次簡帛《詩經》異文的比例，從統計數據可見，戰國至兩漢《詩》文本的用字逐漸穩定，簡帛古本《詩經》的異文比例高於簡帛引《詩》，同時異文的比例也提示了書手的文化水平和版本的優劣等信息。最後，討論了簡帛《詩經》異文與早期《詩經》傳播方式的關係，認爲異文的産生與《詩經》口頭傳播關係密切，但不應忽略寫本在早期《詩經》傳播中的重要作用，兼及以簡帛古本改讀今本的原則問題。

關鍵詞：簡帛　《詩經》　異文

《詩經》異文研究自清代始盛，清以前雖有學者整理搜集《詩經》異文，然而對《詩經》異文的研究并未全面系統展開。清代整理研究《詩經》異文的學者主要以搜羅漢代三家《詩》異文爲主，馮登府《三家詩異文疏證》、陳喬樅《四家詩異文考》、王先謙《三家詩義集疏》總其大成。其中也有一些學者注意搜集金石材料中的《詩經》異文，如顧炎武《九經誤字》《石經考》開始搜集石經中的《詩經》文字以證訛誤，求正字。吴東發《詩經字考》以金石文字與傳本《毛詩》互證，李孫富《詩經異文釋》搜集了大量的石經、碑刻、銅器銘文材料，并與今本進行對讀校勘。乾嘉時期戴震、馬瑞辰等人的《詩經》學研究都將金石材料廣泛運用於文字訓詁。二十世紀甲骨學勃興，王國維是援引甲骨文研究《詩經》的重要開創者。聞一多《詩經新義》、林義光《詩經通解》都將古文字學的知識應用在《詩經》的研究中，于省吾先生《澤螺居詩經新證》、季旭昇先生《詩經古義新證》都屬於專門利用古文字材料研究《詩經》名物、語言、訓詁的“新證”類代表作。上世紀後半葉

* 本文寫作得到2022年度河北省社科基金青年自選項目“簡帛《詩經》類文獻與毛詩詩義解説比較研究”（項目編號：HB22ZW020）資助。匿名審稿專家對拙文提出了許多建設性意見，助益良多，謹致謝忱！

以來大量簡帛古書面世，其中有不少内容與《詩經》關係密切，其中包括許多《詩經》異文，具有重要的學術價值。

一、簡帛《詩經》異文研究述略

簡帛《詩經》異文相較於以金石材料爲主的其他出土文獻中的異文，主要有以下幾點不同。第一，其時間跨度從戰國早中期至東漢時期，材料豐富，能够更較爲完整地反映《詩經》文本在這一時段的演變情况。第二，同時期的銅器銘文及石經材料只能反映官方或精英層次所使用的《詩經》文本情况，而新出簡帛材料中不僅有類似内容，也不乏民間的材料，甚至還有一些夾雜在邊塞公私文中的文獻。這些材料能够更全面地展現戰國早中期至兩漢時期《詩經》的書寫及流傳情况。第三，石經、銅器銘文的使用場合比較正式，其内容當經過了反復的修改和校定。而簡帛作爲戰國兩漢時期最主要的文字書寫載體，最能够反映這一時期《詩經》寫本的原始情况。因此，對簡帛《詩經》異文的整理和研究具有重要的學術意義。

戰國兩漢簡帛古本《詩經》及引《詩》論《詩》極大地豐富了《詩經》學研究的資料。1977 年出土的阜陽漢簡《詩經》與《毛詩》、三家《詩》皆存在很多異文，胡平生、韓自强先生釋讀了全部簡文，又對異文相關的問題進行了研究。[1]陸錫興先生《〈詩經〉異文研究》一書在微觀考證的基礎上，探索《詩經》異文的變化規律，其中涉及阜陽漢簡《詩經》和馬王堆漢墓帛書引《詩》中的異文研究，頗多創獲。[2]于茀先生《金石簡帛詩經研究》一書專注於先秦兩漢出土文獻中的《詩經》類文獻，利用金石簡帛材料與傳世文獻參校對讀。其中的研究對象不僅包括阜陽漢簡、馬王堆帛書的相關材料，也收集了郭店簡《緇衣》、上博簡《緇衣》《孔子詩論》中的異文，對於相關文字進行了考證，提出了很多考釋意見。[3]程燕先生《詩經異文輯考》在于氏一書的基礎上又多收了《上海博物館藏戰國楚竹書（二）》《上海博物館藏戰國楚竹書（四）》的相關内容，敦煌卷子、吐魯番文書、日本所藏唐抄本中的《詩經》異文材料也在研究範圍之内。[4]臺灣學者范麗梅先生的博士學位論文《簡帛文獻與〈詩經〉書寫文本之研究》也涉及簡帛《詩經》的異文研究，其

〔1〕胡平生、韓自强：《阜陽漢簡詩經研究》，上海古籍出版社，1988 年。

〔2〕陸錫興：《〈詩經〉異文研究》，中國社會科學出版社，2001 年。

〔3〕于茀：《金石簡帛詩經研究》，北京大學出版社，2004 年。

〔4〕程燕：《詩經異文輯考》，安徽大學出版社，2010 年。

研究方法有别于傳統研究，自成一系。其中第二章“先秦兩漢《詩經》異文之形成”專門探討了異文的類型和形成原因等問題，也討論了先秦兩漢《詩經》異文產生的方式。[1]美國學者柯馬丁先生對簡帛《詩經》異文進行了統計學上的考察和文字學上的分類，并據此討論了早期《詩經》文本生成和傳播的諸多問題，主要的考察對象集中於 2001 年末之前公布的材料。[2]

2019 年 8 月出版公布的安徽大學藏戰國竹簡《詩經》是目前發現最早的《詩經》簡帛寫本。[3]其中共有可與今本對讀的五十七首詩篇，每首詩的基本内容與今本毛詩相比大體相同，但存在大量異文，絶大部分詩篇與今本有一半以上的異文。材料公布後，學界對其中的異文考釋，簡本與今本對讀校勘展開了廣泛深入的研究。目前成果雖多，但仍相对零散。孫興金先生的碩士學位論文對此前的異文研究成果進行了彙集，對一些文字考釋、詩義釋讀問題發表了看法。[4]劉澤敏先生對其中的異文進行了系統的分類和整理，在孫文的基礎上進一步收集學界的研究成果，對相關字形考釋、詞語釋義問題提出了意見。[5]倪亦萱先生專門整理研究了其中的異體字。[6]孫在超、趙陽先生對“二南”中的異文進行了整理和分類研究，梁利楝對安大簡《秦風》的異文進行了分類考察。[7]此外，安大簡《詩經》與以往的《詩經》異文材料最大的不同是其中有不少章次上的不同，鄭婧、李輝、康廷山等關注了安大簡《詩經》的章次異文。[8]

以上成果以簡帛文獻中的《詩經》類文獻爲主要研究對象，考察相關的文字、

---

〔1〕 范麗梅:《簡帛文獻與〈詩經〉書寫文本之研究》，臺灣大學博士學位論文，2008 年。

〔2〕〔美〕柯馬丁著，李芳、楊治宜譯:《方法論反思：早期中國文本異文之分析和寫本文獻之產生模式》，〔美〕伊沛霞、姚平、陳致主編:《當代西方漢學研究集萃·上古史卷》，上海古籍出版社，2012 年，第 349—385 頁;〔美〕柯馬丁著，王平譯:《出土文獻與文化記憶——〈詩經〉早期歷史研究》，姜廣輝主編:《經學今詮四編》，遼寧教育出版社，2004 年，第 111—158 頁。

〔3〕 安徽大學漢字發展與應用研究中心編；黄德寬、徐在國主編:《安徽大學藏戰國竹簡（一）》，中西書局，2019 年。

〔4〕 孫興金:《安徽大學藏戰國楚簡〈詩經〉異文整理與研究》，山東大學碩士學位論文，2020 年。

〔5〕 劉澤敏:《安徽大學藏戰國竹簡〈詩經〉異文分類整理與研究》，武漢大學碩士學位論文，2021 年。

〔6〕 倪亦萱:《〈安徽大學藏戰國竹簡（一）〉異體字整理與研究》，雲南大學碩士學位論文，2021 年。

〔7〕 孫在超:《〈詩經〉“二南”異文整理與研究》，河南大學碩士學位論文 2021 年；趙洋:《安大簡〈詩經〉“二南”異文研究》，山東師範大學碩士學位論文，2021 年；梁利楝:《論安大簡〈詩經·秦風〉之異文》，《樂山師範學院學報》，2022 年第 12 期，第 33—39 頁。

〔8〕 鄭婧:《安大簡〈詩經〉與〈毛詩〉的章次差異初探》，《四川職業技術學院學報》，2021 年第 1 期，第 126—132 頁；李輝:《〈詩經〉章次異次考論》，《文學遺産》，2021 年第 6 期，第 52—64 頁；康廷山:《論安大簡〈詩經〉與今本〈毛詩〉的章次異同》，《中國詩歌研究》，第二十二輯，社會科學文獻出版社，2022 年，第 22—34 頁。

音韻、訓詁等問題。另外鄧佩玲先生《〈雅〉〈頌〉與出土文獻合證》、薛培武先生《〈雅〉〈頌〉字詞與出土文獻合證》、蔣文先生《先秦秦漢出土文獻與〈詩經〉文本的校勘和解讀》等成果利用先秦秦漢出土文獻來校讀傳本《詩經》，解決了一些《詩經》中的語言文字問題，屬於"新證"類研究成果，其中也涉及簡帛《詩經》異文的相關内容。〔1〕

綜上，簡帛《詩經》異文受到了學界普遍的關注，但相關研究主要集中在文字考釋方面，全面整理簡帛《詩經》異文，并進行分類研究的成果不多。此外，利用異文材料考察早期《詩經》文本形成與流傳等問題的成果也顯得不够系統，如清華簡《耆夜》《周公之琴舞》中皆有可與今本對讀的詩篇，學者們利用簡本與今本的異文材料討論了今本和簡本的關係，今本相關詩篇的形成和流傳等問題；〔2〕李林芳先生根據安大簡《詩經》與今本的句式異文，得出了《毛詩》更存古的結論等。〔3〕此類研究雖然大部分論證嚴密，結論有一定參考價值，但關注的都是某一篇、某一批材料的個別問題，没有將不同批次、類型和時代的材料進行聯繫和對比，缺乏歷時的觀照。

二、簡帛《詩經》異文分類研究

《阜陽漢簡詩經研究》的出版引起了學者關注，異文的考釋及分類是學者們關注的焦點問題。整理者胡平生、韓自强先生將阜陽漢簡《詩經》的異文分成四類：

（1）音義相同或相近的異文：大多數是假借字，有些是異體字；

（2）意義可能不同的異文；

（3）虚詞的異文；

（4）今本《毛詩》或《阜詩》的錯字造成的異文。〔4〕

〔1〕鄧佩玲：《〈雅〉〈頌〉與出土文獻合證》，商務印書館，2017年；薛培武：《〈雅〉〈頌〉字詞與出土文獻合證》，吉林大學碩士學位論文，2018年；蔣文：《先秦秦漢出土文獻與〈詩經〉文本的校勘和解讀》，中西書局，2019年。

〔2〕黄懷信：《清華簡〈蟋蟀〉與今本〈蟋蟀〉對比研究》，《詩經研究叢刊》，第二十三輯，學苑出版社，2013年，第242—251頁；曹建國：《論清華簡中的〈蟋蟀〉》，《江漢考古》，2011年第2期，第110—115頁；廖名春：《清華簡〈周公之琴舞〉與〈周頌·敬之〉篇對比研究》，《深圳大學學報（人文社會科學版）》，2013年第6期，第64—68頁；李鋭：《清華簡〈耆夜〉續探》，《中原文化研究》，2014年第2期，第55—62頁；張三夕、鄧凱：《清華簡〈蟋蟀〉與〈唐風·蟋蟀〉爲同題創作》，《海南大學學報（人文社會科學版）》，2016年第2期，第90—95頁。

〔3〕李林芳：《〈毛詩〉較安大簡〈詩經〉文本的存古之處》，《文史》，2021年第1輯，第27—46頁。

〔4〕胡平生、韓自强：《阜陽漢簡詩經研究》，第23—27頁。

文中認爲第二類異文是最重要的一類，因爲這一類的異文是研究《詩經》家學派别的重要材料，不過這一類的異文十分少見。此書之所以從意義的區别上對異文進行分類大概是承襲清人整理和研究三家《詩》遺説和異文的傳統，這種分類法爲研究材料的《詩》學流派提供了便利。黄宏信先生在此基礎上將阜陽漢簡《詩經》的異文分爲九類，將胡氏的分類第一、四類各拆分成兩類，又多出通假，古今字或簡化字，因字形不穩定而致異文三類。[1]

此後，張樹波先生《〈詩經〉異文類型研究》一文主要以傳世文獻爲考察對象，雖未將阜陽漢簡《詩經》納入研究範圍，但文中指出："漢字是形音義的辯證統一體，因之異文互異雙方的内在本質聯繫，也必須從三方面來考察。"此後的簡帛《詩經》異文分類基本上沿襲這種分類思路。書中張氏將《詩經》異文分爲十四類，分别爲：同音通假型、雙聲通假型、疊韻通假型、同義通假型、形省通假型、聯綿字關係型、古今字關係型、籀篆關係型、隸變關係型、正俗關係型、避諱致異型、倒文致異型、衍奪致異型、正訛關係型。[2]

程燕先生《詩經異文輯考》是《詩經》異文研究中首次專門以考古文獻爲研究對象的著作，書中將考古文獻中的《詩經》異文分爲古今字、通假字、訛字、異體字、俗體字、同義字或近義字、衍文、脱文、倒文九大類。[3]

柯馬丁先生將簡帛《詩經》異文分成如下九類：

（1）代表同一個詞的異體字；

（2）偏旁不同，缺損或增加，但屬於同一諧聲系統；

（3）語義有聯繫，發音相同或相近的詞；

（4）没有語義聯繫，發音相同或相近的詞；

（5）無直接聯繫，但用途相近的詞；

（6）字形相近但無直接聯繫，屬於抄寫錯誤；

（7）字義相近，字形、發音不同；

（8）形、音、義皆不同；

（9）漏字、衍字、乙文者。[4]

---

〔1〕黄宏信：《阜陽漢簡〈詩經〉異文研究》，《江漢考古》，1989年第1期，第85—99頁。

〔2〕張樹波：《〈詩經〉異文類型研究》，《河北學刊》，1993年第5期，第72—79頁。

〔3〕程燕：《詩經異文輯考》，第2—3頁。原文"俗體字"下又分"改换意符""改换聲符"等九個小類，主要針對敦煌卷子、吐魯番文書等非簡帛類文獻，限於篇幅不做引述。

〔4〕〔美〕柯馬丁著，李芳、楊治宜譯：《方法論反思：早期中國文本異文之分析和寫本文獻之産生模式》，第363頁。

亦是主要從文字的形、音、義三方面進行的分類。

安徽大學藏戰國簡《詩經》的出土掀起了簡帛《詩經》異文的又一高潮，許多成果，尤其是碩士學位論文對安大簡《詩經》異文進行了分類整理和研究。孫興金先生將安大簡《詩經》異文分爲通假字、異體字、同義字、訛字和其他五類，文章主要關注了用字異文。[1]劉澤敏先生將安大《詩經》的異文分成了六類，分别是：音同音近、形近訛誤、詞義相同、詞義不同、句式不同、存疑。[2]此前，諸家大都從文字學著眼，故對簡帛《詩經》異文的分類都只針對於用字的異文，劉文從字形、詞義和句式三方面進行分類，開始關注到句式方面的異文。此外，還有成果以安大簡《詩經》的某一部分爲研究對象，如孫在超先生整理了“二南”中的異文，參考石經、敦煌寫本等出土文獻及《經典釋文》、四家詩遺文等傳世文獻，將異文分爲通假、異體、錯訛和異類四類，其中的異類包括用字不同和字詞句的增減，也涉及了詞句方面的異文。[3]趙洋先生對安大簡《詩經》“二南”中的異文進行了較爲系統的整理和分析，將異文分爲文字學、詞彙、章句三大類，從文字角度分爲通假字、異體字、古今字三小類，從詞匯角度分爲同義詞、虚詞的使用兩小類，從章句的角度分爲省略、增字增句、順序調换三小類。[4]趙文可以説是目前對異文最全面系統的分類，不過考察對象僅限於安大簡《詩經》“二南”部分。梁利棟先生以安大簡《詩經·秦風》爲主要關注對象，將其中的異文分爲字句增減、章句異序、異字同義、異字異義四類，并未涉及用字現象。[5]

“異文”的概念有廣、狹之分，狹義的異文專指用字的差異，是文字學之名詞，如陸宗達、王寧先生在《訓詁方法論》中所指出：“異文指同一文獻的不同版本中用字的差異，或原文與引文用字的差異。”[6]郭在貽先生講得更加通俗明了：“所謂異文，是指某一句話中的某一個字，在不同的版本或篇目中换成了另一個字。”[7]《實用中國語言學詞典》中指出這一類的異文主要包括古今字、異體字、通假字、同義詞代替或其他文字訛誤等情况。[8]廣義的異文是則指“字句的互異”[9]，不僅包括“字”

〔1〕孫興金：《安徽大學藏戰國楚簡〈詩經〉異文整理與研究》。

〔2〕劉澤敏：《安徽大學藏戰國竹簡〈詩經〉異文分類整理與研究》。

〔3〕孫在超：《〈詩經〉“二南”異文整理與研究》，第164—166頁。

〔4〕趙洋：《安大簡〈詩經〉“二南”異文研究》，第20—119頁。

〔5〕梁利棟：《論安大簡〈詩經·秦風〉之異文》，第33—39頁。

〔6〕陸宗達、王寧：《訓詁方法論》，中華書局，2018年，第102頁。

〔7〕郭在貽：《訓詁學》，中華書局，2005年，第61頁。

〔8〕葛本儀主編：《實用中國語言學詞典》，青島出版社，1992年，第235頁。

〔9〕周大璞：《古代漢語教學詞典》，岳麓書社，1991年，第107頁。

這個層面的異文，還包括“詞”和“句”層面的異文。

從現有的簡帛《詩經》異文來看，對簡帛《詩經》異文的分類不應僅包括狹義的“字”層面的異文，還應包括“詞”和“句”層面的異文。否則會有相當一部分異文無法歸類，如聯綿詞的異文不能簡單地歸入通假字，《周南·關雎》今本《毛詩》“窈窕”，安大《詩經》簡1作“要翟”，馬王堆帛書《五行》170/339引作“茭芍”；輾轉，安大《詩經》作“邐俥”，馬王堆帛書《五行》171/440引作“婘槫”。又如一些助詞的有無，今本毛詩《陳風·宛丘》“洵有情兮，而無望兮”“四矢反兮”“以禦亂兮”，上博簡《孔子詩論》簡22皆無句末“兮”字；今本毛詩《魏風·伐檀》“寘之河之干兮”，安大簡《詩經》簡76、78、79簡句首有“今𨞄（將）”二字，這一類異文也不能簡單地歸入衍文、脱文中。還有一些異文，今本用單音詞表示，而簡本寫作雙音詞，如今本《周頌·敬之》“示我顯德行”，清華簡《周公之琴舞·敬之》簡3“示”作“貽告”；今本《墉風·牆有茨》“茨”，安大簡《詩經》簡85、86皆作“蝅蝨”，此類異文也不便以“同義字”或“近義字”來概括，屬於詞語層面的異文。另外還有一些比較複雜的異文，如今本《周頌·敬之》“佛時仔肩”，《周公之琴舞·敬之》簡3作“弼寺亓又肩”；今本《敬之》“學有緝熙光明”，簡本作“孝亓光明”，也不能歸入上述分類。當然在句子層面，多句、少句、前後句順序倒置也是比較常見的，在安大簡中還有一些章次不同的情況，都屬於異文現象。

總之，簡帛《詩經》異文應該分爲用字、詞語和章句三個層面，在用字上可按照文字形、音、義三個層面分爲異體字、形近訛誤、通假字、同義詞換用（單音詞）、脱字與衍字五類，早期簡帛中嚴格意義上的古今字少見，另外一些音義關係複雜的同源、通用等都可以歸入通假大類中。在詞語層面，應當分出同義詞（單音詞與雙音詞、雙音詞、聯綿詞之間的異文）、增删助詞、倒文三類。在章句層面，當分出多句或少句（包括有意增删或抄寫時無意的脱漏兩種情況）、句序倒置、多章或少章、章序倒置四類。在用字和詞語層面當然也都應當包含待考和其他一類極其特殊的情況。

三、簡帛《詩經》異文比例與先秦兩漢《詩經》文本流傳

雖然學界對孔子是否删《詩》一直都存在争議，然而孔子其時，作爲儒家經

典的《詩三百》,《詩經》大體的集結已經完成，其詩篇的大體規模應當已基本穩定。在春秋賦詩風氣和孔門《詩》教的推動下,《詩》已經開始經學化。戰國時代《詩》廣泛地滲透於儒學理論框架，經過子思、孟子、荀子等儒家學者的建構，儒家的《詩》學理論逐漸成型。在《詩》不斷經典化、經學化的過程中，一個比較固定的《詩經》版本是那個時代學術發展的必然要求，我們有理由相信至少在戰國時代存在與今本《詩經》十分相近的《詩經》版本。從安徽大學藏戰國竹簡《詩經》的基本情況，也可以肯定這一點。雖然簡本與今本存在較多異文，但是異文中大多都是通假字、異體字等，不造成今本和簡本之間詩義表達上的不同。即柯馬丁先生所言“語句上的穩定性和書寫上的不穩定形”〔1〕，還要加上詩篇數量和内容上的穩定性。

《詩》由於其便於諷誦的特色得以經過秦火而流傳至漢，漢初經過經師背誦記憶而由隸書寫定的本子爲今文《詩經》，然而今文《詩經》因家派的不同又出現了不同的版本。得以幸免于秦火的私人藏本《詩經》被稱爲古文《詩經》，到了東漢時期在鄭眾、馬融、賈逵等古文經學家的推動下，古文《毛詩》派逐漸走向鼎盛，鄭玄作《毛詩箋》最後確立了古文毛《詩》的統治地位，也成了其後來近兩千年《詩經》的最終定本。根據文獻記載，我們基本能够勾沉出從春秋戰國至漢代四家《詩》的傳承過程，但是對於《詩》文本在流傳過程中的具體狀態卻不得而知。有幸的是，大量簡帛古書的面世使我們得以窺見戰國兩漢《詩經》在動態傳播中的具體情況，爲研究《詩》文本的形成和流傳帶來了新的契機。

據本文統計，目前已經公布的材料中，戰國兩漢簡帛文獻中的《詩》古本及引《詩》論《詩》中引到詩句或詩名的單字共有 4070 個，異文總數 2080 字，約占總數的 51.11%。〔2〕也就是説在戰國兩漢簡帛《詩經》中有一半以上的用字與今本不同，這個比例還是很高的。我們統計了每一批次、每一篇材料的《詩經》異文數和異文比例，見下表。

表 1　簡帛《詩》及相關文獻與今本《詩經》異文數量與比例統計表

	批次和篇目		總字數	異文數	異文比例
戰國楚簡《詩經》異文比例	安徽大學藏戰國竹簡《詩經》		2732	1485	54.36%
	信陽長臺關楚簡引《詩》		4	1	25%
	郭店楚簡	《緇衣》引《詩》	173	76	43.93%
		《五行》引《詩》	50	21	42%
		總計	223	97	43.50%

〔1〕〔美〕柯馬丁著，王平譯:《出土文獻與文化記憶——〈詩經〉早期歷史研究》，第 125 頁。

〔2〕 本節下文提到的“異文比例”皆指單字異文。

續表

<table>
<tr><th></th><th colspan="2">批次和篇目</th><th>總字數</th><th>異文數</th><th>異文比例</th></tr>
<tr><td rowspan="10"></td><td rowspan="5">上博楚簡</td><td>《緇衣》引《詩》</td><td>124</td><td>58</td><td>46.77%</td></tr>
<tr><td>《孔子詩論》引《詩》</td><td>206</td><td>103</td><td>50%</td></tr>
<tr><td>《民之父母》引《詩》</td><td>26</td><td>12</td><td>46.15%</td></tr>
<tr><td>《曹沫之陳》引《詩》</td><td>8</td><td>2</td><td>25%</td></tr>
<tr><td>總計</td><td>364</td><td>175</td><td>48.08%</td></tr>
<tr><td rowspan="3">安大楚簡</td><td>《曹沫之陳》引《詩》</td><td>8</td><td>3</td><td>37.5%</td></tr>
<tr><td>《仲尼曰》引《詩》</td><td>15</td><td>5</td><td>33.33%</td></tr>
<tr><td>總計</td><td>23</td><td>8</td><td>34.78%</td></tr>
<tr><td colspan="2">清華簡《周公之琴舞・敬之》[1]</td><td>53</td><td>34</td><td>64.15%</td></tr>
<tr><td colspan="2">戰國楚簡總計</td><td>4009</td><td>2080</td><td>51.88%</td></tr>
<tr><td rowspan="10">漢代簡帛《詩經》異文比例</td><td rowspan="3">馬王堆帛書</td><td>《五行》引《詩》</td><td>179</td><td>51</td><td>28.49%</td></tr>
<tr><td>《繆和》引《詩》</td><td>19</td><td>6</td><td>31.58%</td></tr>
<tr><td>總計</td><td>198</td><td>57</td><td>28.79%</td></tr>
<tr><td colspan="2">阜陽漢簡古本《詩經》</td><td>344</td><td>200</td><td>58.14%</td></tr>
<tr><td colspan="2">北大漢簡《周馴》引《詩》</td><td>80</td><td>14</td><td>17.5%</td></tr>
<tr><td colspan="2">定州漢簡《論語》引《詩》</td><td>16</td><td>1</td><td>6.25%</td></tr>
<tr><td colspan="2">肩水金關漢簡引《詩》</td><td>24</td><td>7</td><td>29.17%</td></tr>
<tr><td colspan="2">武威漢簡《儀禮》引《詩》</td><td>21</td><td>9</td><td>42.86%</td></tr>
<tr><td colspan="2">尹灣漢簡《神烏賦》引《詩》</td><td>15</td><td>5</td><td>33.33%</td></tr>
<tr><td colspan="2">漢代簡帛總計</td><td>896</td><td>350</td><td>39.06%</td></tr>
</table>

雖然今本《毛詩》的用字并非完全使用本字，但經過不斷整理，通假字比例較小，用字較爲規範，作爲最經典的《詩》文本，最適合作爲參照。各簡帛本與其相較，得出的異文比例在很大程度上可以反映簡本使用通假字、異體字等相關情況。從上表中可以發現以下規律。

〔1〕 清華簡《周公之琴舞》中的《敬之》與今本《周頌・敬之》皆爲十二句，除有個别字詞方面的不同以外，内容基本相同。與此情況類似，清華簡《耆夜》中有《蟋蟀》一詩，雖可與今本《唐風・蟋蟀》可以對讀，但簡本三章章九句，今本三章章八句；今本三章首句皆相同，簡本不同；今本三章"今我不樂"，對應簡本"今夫君子，不憙不樂"（"不"或讀爲"丕"）；今本三章第六句"職思其居""職思其外""職思其憂"，對應簡本"則冬（終）以康""則冬（終）以叏（祚）""則冬（終）以思（懼）"，從内容到含義都有不小區别。且今本《蟋蟀》在《國風・唐風》，而簡本《蟋蟀》言周公作。也有研究指出兩首詩在語言、主題等方面存在較大區别，可能不是一首詩的不同版本，如曹建國:《論清華簡中的〈蟋蟀〉》，《江漢考古》2011 年第 2 期，第 110—115 頁；李鋭:《清華簡〈耆夜〉續探》，《中原文化研究》2014 年第 2 期，第 55—62 頁；張三夕、鄧凱:《清華簡〈蟋蟀〉與〈唐風・蟋蟀〉爲同題創作》，《海南大學學報（人文社會科學版）》2016 年第 2 期，第 90—95 頁等。因此本文暫不列入異文比較中。

第一，戰國竹簡的《詩經》異文比例明顯高於漢代簡帛《詩經》異文比例。戰國竹簡《詩經》異文的平均比例爲 51.88%，而漢代簡帛《詩經》異文平均比例爲 39.06%。戰國楚簡引《詩》和《詩經》古本的異文比例大都高於 40%。〔1〕漢代簡帛引《詩》異文比例普遍較低，北大漢簡《周馴》引《詩》異文比例低於 20%，定州漢簡《論語》引《詩》低於 10%。以上變化説明了從戰國到兩漢《詩經》文本的用字在不斷地趨向穩定和規範，這當然也與文字統一的相關政策和人們開始有規範用字的意識有關。

第二，不同類別的簡帛文獻中《詩經》異文的比例存在差異。古本《詩經》異文比例明顯要高於引《詩》文獻中的異文比例。如安徽大學藏戰國竹簡《詩經》的異文比例爲 54.36%，清華簡《周公之琴舞・敬之》的異文比例爲 64.15%。而其他戰國竹簡引《詩》的異文比例基本低於 50%。阜陽漢簡《詩經》的異文比例爲 58.14%，遠高於其他漢代簡帛引《詩》。這可能説明戰國時期《詩經》中詩篇的流傳仍然以口傳爲主。而漢初阜陽漢簡古本《詩經》的異文比例不僅高於漢代所有簡帛引《詩》，甚至高於安大簡《詩經》，可能説明阜陽漢簡《詩經》在書寫時是憑藉記憶，或者由經師口述，他人謄録的，或者底本是據記憶或口頭書寫的，是漢代比較原始的《詩經》寫本狀態。我們也從阜陽漢簡《詩經》的物質形態中發現了可以解釋高比例異文的原因，比如多書手、多文本單元合成等，此問題複雜，需另文詳述。

第三，經過對多批次材料的統計，使我們對簡帛《詩經》異文比例的情況有了總體的印象。那些與平均值及大體數值相差較遠的情形，可能提示一些如版本優劣等信息。如漢代簡帛引《詩》文獻的異文比例普遍低於 30%，而武威漢簡《儀禮》的引《詩》高於 40%，可能説明了其版本較差，或者其抄寫者的文化水平、對《詩》的熟悉程度并没有那麽高。從其具體的引《詩》用字來看，也確實存在許多錯訛。尹灣漢簡《神烏賦》也是如此，異文比例偏高，結合其字迹潦草，内容爲俗賦等信息，也可見尹灣漢簡《神烏賦》的作者，或抄寫者對《詩》這一經典文獻的用字也不够熟悉。

當然，無論是簡帛《詩經》異文的分類，還是異文比例，是建立在目前可見材料的基礎之上。有些問題還難以充分深入考察，比如由於長江流域特殊的氣候地理

〔1〕信陽長臺關楚簡引《詩》殘存一句，上博簡《曹沫之陳》引《詩》兩句，所引分别爲“豈弟君子”和“豈弟君子，民之父母”，異文較少，其中的用字在簡帛中除了“豈弟”二字以外，寫法皆穩定，很少用通假字、異體字等，造成了異文比例較低，其他材料的異文比例皆在 30% 以上。

條件，目前發掘的大部分戰國竹簡皆出自楚地，其他區域罕有竹簡出土，戰國時代其他地域的《詩經》流傳與書寫情況是否與楚地大體相似，或是存在較大差別，還難以定論。此外，在異文比例的統計中還應充分考慮同一文本在不同批次簡帛材料中的情況，同一首詩在不同時期、不同批次的簡帛材料中的書寫情況更能説明問題，然而由於材料有限，相關的研究只能留待來日。目前已知的夏家臺、王家嘴楚墓竹簡《詩經》以及海昏侯漢墓竹簡《詩經》并未完全公布，相信隨著考古發掘的勃興，未來還會有更多的材料相繼面世，定能爲簡帛《詩經》異文的深入系統研究提供更全面、更有價值的資料。

四、簡帛《詩經》異文的産生與早期《詩經》傳播方式

在戰國兩漢簡帛《詩經》的單字異文中，比重最大的是通假字，約占總數的七成。其次當屬異體字，約占總數的兩成。其餘的類型共占總數的一成。柯馬丁先生曾提出早期《詩經》主要靠記憶和口頭傳授，文本是“輔助的、次要的傳《詩》的途徑”這一結論〔1〕，我們認爲其意見有一定合理性。總體來看，簡帛《詩經》異文的成因大概有兩方面，一者是簡帛文獻所共有的，一者是由於《詩》類文獻的獨特性。從簡帛文獻的共性特徵來看，出土簡帛材料相對於傳世文獻更加原始，没有經過後世整理，加之當時的書寫者文化水準和不同地域用字、方言存在差異性和多樣性，導致寫本中存在大量通假字、異體字，也與當時的書寫習慣和規範用字觀念的有無及程度相關。從《詩經》的獨特性來看，《詩經》的文學性與生活化特徵明顯，便於諷誦，口耳相傳是其重要的傳播途徑，所以當書手將記憶中的詩句寫下來的時候往往只知其音，對於字形和字義不如字音那樣熟悉，這可能是造成上述單字異文中有近七成音近通假字的又一原因。

我們也注意到在戰國兩漢的出土簡帛《詩經》類文獻，尤其是古本《詩經》中，有一些字的讀音與今本相同或相近，但可能造成對詩義理解的不同。這種現象也與《詩經》的口頭傳播有關係，從邏輯上來講，其本來的意思，即作詩之人想要表達的意義只有一種，在口頭流傳中由於方言等因素，加之漢語中同音詞較多，容易相混，從而産生理解上的差異，以訛傳訛。正確的和訛誤的版本同時在流傳，而這兩種意

〔1〕〔美〕柯馬丁著，王平譯:《出土文獻與文化記憶——〈詩經〉早期歷史研究》，第131頁。

義都能讀通，所以在寫定的時候就出現了都能説通的不同版本。如今本毛詩《牆有茨》“中冓之言”，安大簡《詩經》簡 85—86 “冓”皆作“㝅”，該字見於卜辭，整理者認爲“中㝅”即“中夜”，與《韓詩》遺説相合。[1]但吕玉珍先生指出，《詩經》中常見方位詞提前構詞的情況，如“中林”“中河”“中穀”，“中冓”即“冓中”，理解爲隱秘的内室，符合《詩經》語例，意義上更爲流暢。[2]以上兩説都有充分的證據，皆可言之成理。“冓”或“㝅”在早期的口頭流傳中只是“kɔ”，或者相似的一個聲音，在傳播過程中有的聽者將其與表示“宫室深處”的“冓”聯繫起來，有的聽者則將其與表示“夜晚”的時稱“㝅”對應起來。因此，在寫定的時候就存在兩種不同的版本，都合情合理。當然從邏輯上來講，二者也有可能都不是本字，而是起到記録另外一個同音、或音近漢字的功能。又如毛詩《邶風・北風》“攜手同車”，阜陽漢簡《詩經》S045 作“攜手同居”，“車”“居”上古音皆書見母魚部，從詩義上來説“同車”表達出平民步行、貴族乘車紛紛出逃，更能表達出舉國皆苦於暴政。而“同居”則説出了攜手出走的目的，孰優孰劣，很難遽定。又如《大雅・大明》“有命既集”，馬王堆帛書《五行》160 引作“有命既雜”。“集”“雜”上古音皆書從母緝部，歷代注《詩》者將“集”訓爲“就”或“落”。[3]而帛書引作“雜”，以此説明草木、禽獸和人類生命相錯雜而共生。這種異文明顯引起了不同的理解，究其原因也很可能是該詞在口傳中只一個發音，由於同音詞的原因，在寫定階段出現了同音異詞放在句中都能講通的情況，這樣的情況在出土簡帛中并不罕見。所以我們在釋讀出土簡帛本的時候，不宜輕易地去取，需要從語言實際、文學表達、歷史文化等多方面考慮。對一些都能説通的現象，當謹慎地比較，必要時要兩説兼存。

同時我們也不能忽視寫本在《詩經》傳播中的重要作用，口頭傳播形式畢竟在時間和空間方面受到很多限制，而寫本傳播能够在更久的時間和更遠的空間内傳播。考慮到民間和士人階層識字能力及書寫水準的差距，我們認爲口耳相傳的

---

〔1〕安徽大學漢字發展與應用研究中心編，黄德寬、徐在國主編:《安徽大學藏戰國竹簡（一）》，第 128—129 頁。

〔2〕讀書班:《安大簡〈詩經〉討論紀要（2019.11.01）》，西南大學漢語言文獻所網站 2019 年 11 月 14 日（http://wxs.swu.edu.cn/s/wxs/index52/20191114/3905622.html）。

〔3〕薛培武《〈雅〉〈頌〉字詞與出土文獻合證》中梳理了歷代説法，又結合金文材料對“集”字訓釋提出了較爲可參的意見，詳參《〈雅〉〈頌〉字詞與出土文獻合證》，吉林大學碩士學位論文，2018 年，第 8—10 頁。

傳播途徑在民間可能更普遍，尤其是像《國風》中便於諷誦的出自民間的詩歌。[1]而在士人階層中仍然當以寫本爲主要傳播方式，輔以口傳，早期中國士人對於手寫文獻的認可度遠遠高於任何口頭形式的信息。戰國時期典籍文獻當是以手寫文獻爲最主要的傳播方式，所以秦始皇才會“燔《詩》《書》”，所謂的《詩》可能不僅有安大簡《詩經》這樣的古本《詩》，應該還有類似《孔子詩論》這一類的《詩》學著作。若不是當時大量存在《詩》《書》的物質寫本，則無所謂“燔《詩》《書》”。

The Research on the Classification of Variants in *The Book of Songs* Written on Bamboo and Silk Manuscript and the Ancient Text Spread of *The Book of Songs*

Chen Chen

Abstract: This paper first briefly describes the research value and current situation of the variants in *The Book of Songs* written on bamboo and silk manuscripts, and holds that the classification of the variant should focus on the characters, words, sentences. Secondly, *"MAO poetry"* as the reference, we counted the the proportion e of variants in each batch. The statistical data shows that the wording of the warring states period to the han poetry text stable gradually, the proportion of variants of the ancient book of *The Book of Songs* is much more higher than quotations of *The Book of Songs*, at the same time the proportion of variants also prompts the quality of the version and the degree of specification of words. Finally, this paper discusses the relationship between the variants of *The Book of Songs* written in bamboo and silk manuscripts and the early dissemination of *The Book of Songs*, and holds that the emergence of the variants are closely related to the oral dissemination of *The Book of Songs*, but we should not ignore the important role of the text in the early dissemination of *The*

〔1〕《國風》“民歌説”經歷了長期的討論，前賢已有較好的總結，如魯洪生《詩經學概論》，遼海出版社，1998年，第70—76頁；檀作文《20世紀以來的〈國風〉“民歌説”與“非民歌説”之争》，《中國韻文學刊》，2006年第1期，第42—47頁；劉立志《〈詩經·國風〉民歌問題研究的回顧與檢討》，《南京師範大學文學院學報》，2010年第4期等。以上各家梳理了學術史上的争論，對於此説各執一詞。遍觀反對“民歌説”的意見，只是提出《國風》中一部分詩歌内容中有貴族、統治階層的痕迹，仍不能徹底推翻相較於《雅》《頌》來講，《國風》的樂調、形式、内容和藝術手法等更具有民間特色的結論。且考之上博簡《孔子詩論》，其中簡3云：“《邦風》丌（其）内（納）勿（物）也，尃僼（觀）人谷（俗）安（焉）”，簡4云：“曰：訔（詩）丌（其）猷（猶）坪（平）門■，與戉（賤）民而豫之，丌（其）甬（用）心也牆（將）可（何）女（如）？曰：《邦風》氏（是）也■”，都是説《國風》的内容具有民間性，即使以上内容并非如簡文所言爲孔子所説，但是必然是在戰國時期流行的説法，其可信度不低。準此，我們認爲游國恩先生等主編的《中國文學史》中關於此問題的説法和表述比較允當，書中説：“‘國風’保存了不少勞動人民的口頭創作，它們在最後寫定時，雖可能有所潤色，有的甚至還被竄改，但仍然具有濃厚的民歌特色。”（游國恩等主編：《中國文學史（一）》修訂本，人民文學出版社，2004年，第39頁。）

Book of Songs,involving the principle of deciphering the current version by the bamboo and silk manuscript version.

Keywords: bamboo and silk manuscript, *The Book of Songs,* variants

（陳晨　河北師範大學文學院）

上博簡《天子建州》甲、乙本傳抄關係平議*

陳丹奇

提　要：上博簡《天子建州》甲、乙本的簡文内容相同，利用相關研究成果，結合文字隸化程度、用字情况、竹簡形制與文字布局、文字抄寫特徵等多種“物質性”信息，能證實甲本直接傳抄自乙本。同時可推斷乙本爲墓主人及其門客合抄，甲本是專業抄手對乙本加以謄清的結果。

關鍵詞：《天子建州》　甲、乙本　傳抄關係

上博簡《天子建州》主要關乎禮制，其中有些内容可以在今本大、小戴《禮記》中見到相似的記載。[1]概言之，簡文所涉之“禮”甚廣，大到天子的宗廟制度，小到士階層的飲食儀節，既有外在禮儀的行爲規範，又有内在禮義的道德要求。《天子建州》分爲甲、乙兩個抄本，兩者簡文内容相同而均無篇題，“天子建州”是原整理者對篇首4字的摘取。甲本共計13支簡，其中9支簡首殘損而有闕字，但簡文内容基本完整。乙本現存11支簡，全篇最後部分闕文較多，然其所存竹簡（包括甲本殘簡對應的簡文）又保存完好。

作爲流傳過程中的兩個抄本，《天子建州》甲、乙本的傳抄關係在理論上有四種可能：一是兩者據不同底本抄寫；二是兩者據同一底本抄寫；三是甲本抄自乙本；四是乙本抄自甲本。就現有研究來看，支持前兩種可能性的學者多提出觀點而惜未具體論證。如何有祖先生認爲甲本與乙本的差異有兩種解釋，或因書手的不專業帶來文字構件的隨意性，或兩者抄自具有差異的不同底本。[2]又如劉洪濤先生指出，甲本與乙本可能是抄自同一底本。[3]認同後兩種可能性的學者則從字迹、標識符號

---

* 本文爲國家社科基金西部項目“簡帛儒家文獻書寫形態與先秦兩漢儒家思想傳承研究”（23XZW001）的階段性成果。

〔1〕 馬承源主編：《上海博物館藏戰國楚竹書（六）》，上海古籍出版社，2007年，第309頁。

〔2〕 詳參何有祖：《上博簡〈天子建州〉初步研究》，武漢大學博士學位論文，2009年，第98—104頁。

〔3〕 詳參劉洪濤：《讀上博竹書〈天子建州〉劄記》，簡帛網，2007年7月12日。

等信息出發，提出截然相反的觀點。如日本學者福田哲之提出，在系譜上甲本與乙本是母子關係，即乙本抄自甲本。[1]而李孟濤、李松儒兩位先生則認爲甲本是乙本的謄清本，即甲本抄自乙本。[2]下面利用學界在字迹、標識符號研究上的相關成果，并結合竹簡形制、篇章字迹關聯等信息，對上述四種可能性加以辨析，以就正於方家。

一、《天子建州》甲、乙本非抄自不同底本

《天子建州》甲、乙本在簡文相同位置出現相類的特殊寫法文字，説明兩者具有抄寫上的繼承性，并非抄自不同底本。

甲本簡3第9個字“[illegible]”與乙本簡2第33個字“[illegible]”都是特殊寫法的“也”。李孟濤先生指出，戰國文字“也”的“尾巴”一般作爲一個單獨的筆畫而被最後書寫，有時候這個筆畫會跟右邊或左邊垂下來的筆畫連在一起，卻不會跟横畫連在一起。[3]需要説明的是，只有甲、乙本第一次出現的“也”是這種特殊寫法，兩者後來出現的“也”字皆符合一般的書寫標準。李松儒先生認爲，甲、乙本這種特殊形體的“也”有明顯的繼承性。[4]除特殊寫法的“也”字之外，“凡”“友”二字亦有相類的情形。其中“凡”字在甲、乙本各出現三次（甲本簡1第1個字“凡”因竹簡殘損而不存）。李孟濤先生發現，甲本簡1第23字[illegible]及對應的乙本簡1第24字[illegible]書寫正確，乙本簡1第1字[illegible]與乙本簡7第24字[illegible]及對應的甲本簡8第12字[illegible]的差别不在文字結構上，只是筆畫方向和連接等方面的不準確。[5]李松儒先生進而指出，乙本簡1第1字[illegible]、乙本簡7第24字[illegible]、甲本簡8第12字[illegible]三例“凡”字相同的訛形，説明兩者在字形上明顯的承接性。[6]“友”字在甲、乙本中均只出現一次。李孟濤先生認爲，甲本簡10第28字“[illegible]”與乙本簡10第6字“[illegible]”的字形，上從兩個“又”（即友）下從“曰”的結構是常見的，但“又”旁中間的長筆由兩筆“二”組成則較

〔1〕詳參〔日〕福田哲之著，白雨田譯:《戰國秦漢簡牘叢考》，花木蘭文化出版社，2013年，第37—49頁。

〔2〕詳參李孟濤:《試探書寫者的識字能力及其對流傳文本的影響》，《簡帛》第四輯，上海古籍出版社，2009年，第395—402頁；李松儒:《戰國簡帛字迹研究——以上博簡爲中心》，上海古籍出版社，2015年，第405—419頁。

〔3〕李孟濤:《試探書寫者的識字能力及其對流傳文本的影響》，第400頁。

〔4〕李松儒:《戰國簡帛字迹研究——以上博簡爲中心》，第411頁。

〔5〕李孟濤:《試探書寫者的識字能力及其對流傳文本的影響》，第400頁。

〔6〕李松儒:《戰國簡帛字迹研究——以上博簡爲中心》，第411頁。

特殊。[1]

由學者們對“也”“凡”“友”3字特殊寫法的論證可知，此3字在甲、乙本的簡文相同位置中寫法相類，而這些相類的寫法又與“也”“凡”“友”的通行寫法存在差異。由此，甲、乙本呈現出在傳抄過程中顯而易見的傳承性，這無疑可以排除兩者抄自不同底本的説法。

二、《天子建州》甲、乙本非抄自同一底本

若干文字在《天子建州》甲、乙本中字迹變化的逐一對應，顯現出兩者直接的抄寫關係，而抄自同一底本已無法解釋這種極爲緊密的關聯性。

其中“語”字在乙本出現8次，在甲本出現6次。甲本原來亦應出現8次，只因部分竹簡殘損而缺失第2個和第7個“語”字。李孟濤先生指出，乙本的前兩個“語”字寫得完整，但第3個到第8個“語”字卻省略“言”旁最上面的一筆和右下的“口”旁。與此相應，甲本的第1個“語”字寫得完整，第3個至第8個（第7個缺失）“語”字省略“口”旁而不省略“言”旁，由此得出甲本的書手不總是採用所有的乙本的文字特點。[2]李松儒先生則提出，乙本分爲A、B兩組字迹而分別由兩個抄手抄寫完成，省去“口”旁是乙本兩個抄手書寫差異中很重要的特徵，即B組字迹（包含第3至第8個“語”字）不用羨符“口”。而甲本自始至終由一個抄手抄寫完成，在甲本相應位置的“語”字，出現與乙本相同的簡省“口”旁的特徵，從而認爲這是甲本依照乙本抄寫受其影響的結果。[3]事实上，即使承認甲本缺失的兩個“語”字也與乙本的字迹變化特徵一一對應，也無法完全判定是乙本的字迹變化特徵影響了甲本。换言之，相反情形亦有可能存在。可以設想，若甲本原本前2個“語”完整而後6個“語”省略，乙本的抄手A所抄甲本内容正好包括前兩個完整的“語”，則抄手B所抄的後6個“語”均省略，B組字迹習慣省略一些字符或羨符的抄寫特點[4]，具體表現在後6個“語”較之甲本省略“言”旁最上面的一筆。

---

〔1〕 李孟濤:《試探書寫者的識字能力及其對流傳文本的影響》，第401頁。

〔2〕 同上。

〔3〕 李松儒:《戰國簡帛字迹研究——以上博簡爲中心》，第412頁。

〔4〕 李松儒先生通過字迹特徵將乙本分爲A組字迹（簡1至簡9的“在”字）與B組字迹（簡9的“道”字至簡11），認爲從單字書寫形體上看，A組字迹形體略長；B組字迹形體較A組短。A組用筆相對B組字迹平直些，習慣用飾筆；B組字迹習慣省略一些字符或羨符。參見氏著《戰國簡帛字迹研究——以上博簡爲中心》，第408頁。

相較而言，福田哲之的觀點更爲客觀。他在分析“爲”“辟”兩字在甲、乙本中字迹變化的逐一對應後，認爲甲、乙本具有極爲相近的譜系關係[1]，但未僅僅依據字迹變化的對應關係，就進一步指實兩者誰爲底本。所以同一文字在甲、乙本中字迹變化的逐一對應，存在甲本抄自乙本與乙本抄自甲本兩種可能，而這兩種可能性都較之甲、乙本抄自同一底本更符合實際。

三、《天子建州》乙本非抄自甲本

福田哲之在文本、字體、符號三方面提出的論據，均不能切實證明《天子建州》乙本抄自甲本。

其一，福田哲之認爲原整理者將甲本簡5“事”作爲乙本簡4“吏”之訛體的觀點可商[2]，然他亦不能證實“吏”爲“事”之訛。又整理者將乙本簡5“得其央”之“”（得）視爲甲本簡5與之對應的“”（得）的通假字，福田哲之則認爲乙本“得其央”之“”（得）是受上文“文德治”“武德伐”中“”“”兩個“德”字的影響而誤寫。[3]换言之，乙本“”是甲本“”之訛體。然不能排除甲本抄手對校乙本的底本而將訛字“”改正爲“”的可能。由此，福田哲之所謂“很難設想在系譜關係上乙本位於甲本之上”[4]的觀點不能成立。

其二，福田哲之發現甲本簡7第2個“”（“諸侯”之“侯”）的上部右畫向下彎曲，正好可見在“𠂆”的右側存在向下的一撇，而且此字的“𠂆”左側一撇的筆畫較細，又顯得右側的筆畫印象較深。與此對應的乙本簡6第2個“”中，“厂”的左撇在右側而發生反轉現象，由此認爲乙本之“”發生訛變的誘因正在於甲本“”的形體。[5]事實上，甲本簡7第2個“”爲“矦”的楚簡習見形體，甲本簡7第1個“”與乙本簡6的第1個“”均是如此，即此字的“𠂆”向下的一撇在左邊。乙本簡6第2個“”的“𠂆”向下的一撇處於右邊，顯然是一個特殊的寫法。細審竹簡，甲本簡7第2個“”的“𠂆”右側并無一撇的痕迹，且此字在“𠂆”左側已有一撇，在字形上“厂”旁不可能同時出現兩撇，所以乙本簡6第2個“”

〔1〕〔日〕福田哲之著，白雨田譯:《戰國秦漢簡牘叢考》，第43頁。

〔2〕同上書，第40頁。

〔3〕同上書，第40—41頁。

〔4〕同上書，第41頁。

〔5〕同上書，第44頁。

受此影響而訛變的觀點可商。我們認爲，乙本“”的特殊寫法應受底本影響，底本的特殊寫法或是對“侯量”與“諸侯”中“矦”字用法的細分。甲本抄手在抄寫乙本簡 6 第 2 個“”時受同簡第 1 個“”的影響，從而將其“厂”旁的右撇也統一爲左撇。福田哲之所謂“尚留有難以確切論證的一面”[1]，即承認此種可能的存在。

其三，就符號而言，甲本存在 5 種，包括簡 6“一喜一怒”、簡 13“此所不教於師也”後的兩個勾畫符“√”，以及簡 8“民之儀也”、簡 8“士受餘”、簡 9“士一辟”後的三個墨節“▬”。乙本第一個“√”的位置與甲本相同，第 2 個“√”則因遺失兩簡（簡 12 與簡 13）而不存。甲、乙本符號的差別主要有兩點：一是乙本“民之儀也”後無墨節“▬”，二是乙本的第二個墨節“▬”在“士一辟”前。據李松儒先生解釋，乙本“大夫二辟”後（“士一辟”前）的墨節位置有誤，應是點在後面一句“士一辟”末尾的，這是由於在前後相同的字“辟”的後面作句讀時混誤造成的。[2]於是甲、乙本在符號上的差别就聚焦於乙本缺失的 1 個墨節“▬”。福田哲之以爲乙本母本在“民之儀也”後也有可能存在墨節“▬”，而與其關係密切的甲本正好滿足了這一條件，由此推斷乙本抄自甲本。[3]實際上，若甲本抄自乙本亦能解釋這種差異。乙本所據底本的 3 個墨節與甲本位置一致，甲本抄手由於乙本“士受餘”後的墨節“”不太清晰，便找來乙本的底本進行對校，因而不但確認了此處確有墨節“▬”，同時還補充了乙本所脱“民之儀也”後的墨節“▬”，并校正了乙本混誤的“大夫二辟”後的墨節“▬”。

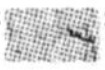

四、《天子建州》甲本應抄自乙本

綜合考察《天子建州》甲、乙本的文字馴化程度、用字情況、竹簡形制與文字布局、文字抄寫特徵等，能够證實甲本抄自乙本。

首先，學者們都發現甲、乙本中存在一些齊魯特徵的文字寫法[4]，如“”與“”（爲）、“”與“”（也）、“”與“”（怒）、“”與“”（原整理者讀爲“誚”，諸家多讀爲“孽”[5]）、“”與“”（原整理者讀爲“禽”，諸家多讀爲

〔1〕〔日〕福田哲之著，白雨田譯：《戰國秦漢簡牘叢考》，第 45 頁。

〔2〕 李松儒：《戰國簡帛字迹研究——以上博簡爲中心》，第 415 頁。

〔3〕〔日〕福田哲之著，白雨田譯：《戰國秦漢簡牘叢考》，第 45—47 頁。

〔4〕 詳參〔日〕福田哲之著，白雨田譯：《戰國秦漢簡牘叢考》，第 42 頁；李松儒：《戰國簡帛字迹研究——以上博簡爲中心》，第 417—418 頁。

〔5〕 俞紹宏：《上海博物館藏戰國楚簡集釋（六）》，社會科學文獻出版社，2019 年，第 321—322 頁。

“歆”[1]）。可知《天子建州》最初由齊魯之地傳出，甲、乙本均是用楚文字轉寫的楚地抄本。又甲本簡5至簡6“信文得事”“日月得其央”中“事”“得”的形體分别爲“”“”，乙本與以上兩字對應的形體則爲“”“”。李松儒先生指出，較之乙本字形，甲本字形爲楚文字中常見的“事”“得”的寫法。李氏還從文字形態上分析，認爲甲本字迹的書體風格更接近楚地出土文字的風格，即字的結構略扁，筆畫緊凑，起收筆較輕，運筆過程中下筆略重。[2]由此，乙本保留較多齊魯抄本的文字特徵，甲本則將更多的齊魯系文字轉化爲楚文字。甲本的文字馴化程度高於乙本，正説明其是在乙本基礎上進一步轉寫的結果。

其次，李松儒先生指出，抄手的用字習慣相對穩定，但乙本簡11“”（隸定爲“耑”，讀爲“短”）字的“而”旁與同簡的“”（而）字寫法有異，因此以上兩種“而”的寫法總有一種反映了底本的書寫特徵。然而這裏的用字不統一現象在甲本抄手進行抄寫時被解決了。[3]又上述乙本簡6的兩個“矦”中“厂”旁的一撇左右位置有别，但甲本簡7對應的兩個“矦”字，則將“厂”旁的一撇統一爲左下方。由此，乙本中一些寫法有異的相同文字或偏旁在甲本中是寫法統一的。福田哲之認爲乙本是甲本的習本，但很難想象一個作爲學習者的抄寫者會將底本中原本統一的文字形體轉寫成不同形態。與此相反，李孟濤先生所持甲本是乙本謄清本的觀點，則恰如其分地闡釋了甲本抄手需要將乙本中不統一的用字現象加以校正。

再次，甲本完簡長46釐米，乙本完簡長43.5釐米，二者長度均在戰國尺度二整尺的區間内，屬於當時竹書的“常制”。[4]就單簡的容字數而言，甲本每簡約32字，乙本每簡約35字。相形之下，甲本單支竹簡較長而容字數較少，乙本單支竹簡較短而容字數較多。抄寫同樣的文本内容，甲本運用較長的竹簡且抄寫時保持較大字距，説明其是一個更具裝飾性與觀賞性的抄本。值得注意的是，甲本無“天頭”而有“地腳”，即簡首頂格書寫無留白，簡尾留有空白。乙本則既有“天頭”又有“地腳”，即簡首與簡尾均留有空白。一般而言，竹簡留有“天頭”“地腳”也是出於審美的需要。那麽爲何裝飾性更强的甲本反而没有“天頭”？實際上，就上博簡儒家文獻的抄寫情況而言，總體上是竹簡較長者無天頭地腳而竹簡較短者有天頭地

〔1〕 俞紹宏：《上海博物館藏戰國楚簡集釋（六）》，社會科學文獻出版社，2019年，第340—341頁。

〔2〕 李松儒：《戰國簡帛字迹研究——以上博簡爲中心》，第414—416頁。

〔3〕 同上書，第413頁。

〔4〕 賈連翔：《戰國竹書形制及相關問題研究：以清華大學藏戰國竹簡爲中心》，中西書局，2015年，第117—120頁。

腳，其中竹簡最長（57 釐米）的《性情論》與《天子建州》甲本一樣僅有地腳。我們認爲，《天子建州》乙本所據底本原有“天頭”“地腳”，但乙本只是反映了底本的部分面貌。甲本作爲乙本的“謄清本”，自然會利用較長的竹簡來凸顯其“定稿”的地位，在抄寫時爲了在文字布局上加强這種重要地位，有意爲擴大文字間距而頂格書寫。與此相反，若乙本作爲“習作本”，本身就以學習文本内容爲主要目的，因而在竹簡的使用與字距的保持上都較爲隨意，没有必要在抄寫甲本的過程中留出“天頭”來突出觀賞性。

最後，福田哲之指出，甲本文字大小相類、字距保持一致且文字結構嚴謹，乙本則散見俗體字與訛體字；甲本的文字書寫表現出抄手的熟練，乙本的文字則具有稚拙的特徵。從而認爲甲本是書寫工整的課本，乙本是以其爲基礎的習本。[1]李松儒先生進而發現，甲本書寫得更爲工整，乙本則相對潦草，乙本抄手的抄寫速度較甲本抄手更快。[2]福田哲之從文本性質界定了甲乙本的關係，其説有啟發性但證據不足。若乙本是參照甲本抄寫的習本，按照常理，乙本即使字體稚拙也應呈現出認真的抄寫態度，爲何乙本抄手的抄寫速度快且字迹潦草？退一步講，即便承認乙本是習本，那麼由幾個抄手依次連續抄寫[3]的學習方式有何意義？實際上，《天子建州》乙本的第一位抄寫者還參與了上博簡《凡物流形》甲本、《君人者何必安哉》的抄寫工作。據李松儒先生研究，該抄手的書寫水準不是很高，但其抄寫的文本均成爲另一個内容相同文本的底本。具體而言，其在《凡物流形》甲本、《天子建州》乙本中均抄寫了前面一部分，剩餘部分由其他抄手接替抄寫完成；其在《君人者何必安哉》甲本中抄寫完成後由另一抄手校改；其在《君人者何必安哉》乙本中與另一抄手分工抄寫完成[4]。我們推測，《天子建州》乙本的第一位抄手應是墓主人，正因爲貴族能够接受口耳相傳的教學内容，抄寫只是作爲學習的輔助手段，其可以選擇自己感興趣的文本而只抄寫一部分，其餘部分則由其豢養的門客補充完整。其偶爾抄寫完整的文本，專業抄手也需加以校訂而替其定稿。又因爲其身份的高貴，即使字迹潦草，其所抄的多種抄本也會作爲專業抄手製作謄清本的底本。就《天子建州》而言，應是墓主人在其老師口耳相授之後，抄寫了現在所謂乙本的前半部分，然後

〔1〕〔日〕福田哲之著，白雨田譯：《戰國秦漢簡牘叢考》，第 41 頁。

〔2〕 李松儒：《戰國簡帛字迹研究——以上博簡爲中心》，第 416 頁。

〔3〕 福田哲之認爲乙本中可見到三種不同的書風，應爲三個抄手分擔抄寫而成。參見氏著《戰國秦漢簡牘叢考》，第 4 頁；李松儒則以爲乙本是由兩個抄手抄寫完成的。參見氏著《戰國簡帛字迹研究——以上博簡爲中心》，第 416 頁。

〔4〕 李松儒：《戰國簡帛字迹研究——以上博簡爲中心》，第 462 頁。

由其門客依據老師的傳本補充完整，最後墓主人再雇傭書法水平高超的專業抄手使用更長的竹簡製作謄清本，從而形成了今天所見的甲本。

五、小結

從上博簡《天子建州》甲、乙本在特殊寫法文字與若干文字字迹變化的繼承性上來看，兩者既不可能據不同底本抄寫，也遠不止是據同一抄本抄寫的間接關係。在確認甲、乙本有直接傳抄關係的基礎上，進而建立二者在文字馴化程度、用字情況、竹簡形制與文字布局、文字抄寫特徵等方面的證據鏈，能够在一定程度上還原甲本抄自乙本的歷史事實。甲本以乙本爲據的抄寫行爲，又反映出一定的傳抄意圖，即墓主人將自己輔助學習而臨摹一部分并由其門客補抄完整的“學習本”，通過雇傭書法水平高超的專業抄手加以謄清，從而實現收藏《天子建州》“精裝本”以彰顯自己禮學修養的目的。

On Copy Relationship between Version A and Version B of Bamboo Slips “Tianzi Jianzhou” in Shanghai Museum

Chen Danqi

Abstract: Version A and version B of bamboo slips “Tianzi Jianzhou” in Shanghai Museum are same inscribed. With reference to related research findings and in combination with multiple material-based information such as degree of literal domestication, uniformity of literal usage, bamboo slip shape, literal style and writing feature, it can be convinced that version A is the work copied from version B directly. It can be further inferred that version B is copied by tomb owner and his followers. Version A is a fair copy made by professional scribe.

Keywords: “Tianzi Jianzhou” ; Version A, B; Copy relationship

（陳丹奇　西北師範大學文學院）

附録：上博簡《天子建州》甲、乙本對讀表[1]

篇章	《天子建州》甲本	《天子建州》乙本
上篇	【簡1】[凡]天子建之以州，邦君建之以都，夫＝(大夫)建之以里，士建之以室。凡天子七世，邦君五【簡2】世，夫＝(大夫)三世，士二世。士爲夫＝(大夫)之立身不字，夫＝(大夫)爲邦君之立身不字，邦君爲天子之【簡3】立身不字。	【簡1】凡天子建之以州，邦君建之以都，夫＝(大夫)建之以里，士建之以室。凡天子七世，邦君五世，夫＝(大夫)三世，士二世。【簡2】士爲夫＝(大夫)之立身不字，夫＝(大夫)爲邦君之立身不字，邦君爲天子之立身不字。
	禮者，義之兄也。禮之於尸廟也，不精爲精，不嫐爲嫐。義反之，精爲不【簡4】精，嫐爲不嫐。故亡禮大廢，亡義大諎。	禮者，義之兄也。【簡3】禮之於尸廟也，不精爲精，不嫐爲嫐。義反之，精爲不精，嫐爲不嫐。故亡禮大廢，亡義大諎。
	刑屯用情，邦喪；屯用物，邦喪。必中情以羅於【簡5】物，幾殺而邦正。	刑【簡4】屯用情，邦喪；屯用物，邦喪。必中情以羅於物，幾殺而邦正。
	文陰而武陽，信文得事，信武得田。文德治，武德伐，文生武殺。冐＝(日月)得其【簡6】央，根之以玉斗，戟陳踐亡。	文陰而武陽，信文得吏，信武得田。文德【簡5】治，武德伐，文生武殺。冐＝(日月)得其央，根之以玉斗，戟陳踐亡。
	欒尹行身和二：一喜一怒。√	欒尹行身和二：一喜一怒。√
下篇	天子坐，以矩；食，以義；立，以縣；行，以【簡7】璧。視，矦量顧還身，諸矦飤同狀。視，百正顧還脊，與卿、夫＝(大夫)同恥度。士視，目恒顧還【簡8】面。不可以不聞恥度，民之儀也。▬	天子坐，【簡6】以矩；食，以義；立，以縣；行，以璧。視，矦量顧還身，諸矦飤同狀。視，百正顧還脊，與【簡7】卿、夫＝(大夫)同恥度。士視，目恒顧還面。不可以不聞恥度，民之儀也。
	凡天子禽氣，邦君食濁，夫＝(大夫)承薦，士受餘。▬	凡天子禽氣，邦君食濁，夫＝(大夫)【簡8】承薦，士受餘。▬
	天子四辟【簡9】筵席，邦君三辟，夫＝(大夫)二辟，士一辟。▬	天子四辟筵席，邦君三辟，夫＝(大夫)二辟，▬士一辟。
	事鬼則行敬，懷民則以德，剸刑則以哀。	事鬼則行敬，懷民則以德，剸刑則以哀。
	朝不語内，貢【簡10】[不語]戰，在道不語匿，凥政不語樂，尊俎不誓事，聚衆不語逸，男女不語獨，朋友不【簡11】語分，臨食不語惡。臨㫗：不言亂，不言寢，不言滅，不言拔，不言短，故龜有五忌。臨城不【簡12】言毀，觀邦不言喪，故見禓而爲之祈，見窔而爲之内。	【簡9】[朝]不語内，貢不語戰，在道不語匿，凥政不語樂，尊俎不誓事，聚衆不語逸，男【簡10】女不語獨，朋友不語分，臨食不語惡。臨㫗：不言亂，不言寢，不言滅，【簡11】不言拔，不言短，故龜有五忌。臨城不言毀，觀邦不言喪，故見禓而爲之祈。☒
	時言而世行，因德而爲之折，是謂【簡13】中。不諱所不教於師者三：强行、忠謀、信言，此所不教於師也。√	

〔1〕簡文的隸定釋讀依據馬承源主編《上海博物館藏戰國楚竹書（六）》中曹錦炎先生的整理成果，篇章劃分依據簡文中的分篇符號“√”及分章符號“▬”，凡論述中涉及的文字均加粗表示。

《漢語大詞典》“訂嚴補慎”修訂原則的實踐與思考

——以目部爲例*

何茂活

提　要:《漢語大詞典》修訂工作堅持“訂嚴補慎”的修訂原則。就“訂”而言，主要有三方面工作。詞目方面包括刪除詞目、調整詞目和建立詞目關聯；釋義方面包括改訂釋義、刪除義項；例證方面包括核訂書篇名及著作者、推溯書證原始出處、糾正詞語識斷疏誤、訂正截句不當問題、替換自造例、糾正文字錯謬、訂正專名標注舛誤、統一引書格式。就“補”而言，也有三方面工作。詞目方面包括增設新目、增設異形條目；釋義方面主要是增設義項；例證方面包括補充早期書證和補充晚近書證兩種情況。通過以上工作實踐，可知“訂嚴補慎”修訂原則有很强的科學性和可操作性。嚴格訂正是提升辭書質量的根本保證，審慎增補也是確保修訂水準的必然要求。

關鍵詞:《漢語大詞典》　訂嚴補慎　修訂

自2012年開始，上海辭書出版社主持修訂《漢語大詞典》（以下簡稱《大詞典》），至2018年12月出版第二版第一册徵求意見本，至今已出11册。[1]全書計畫出25册。約收詞條40萬個。在修訂工作之初，經過反復研究，編委會確定修訂的基本原則爲“訂嚴補慎”[2]，總體要求爲“釋義準確，義項齊備，書證翔實，體例嚴謹”，修訂的定位是：對第一版進行全面修訂。[3]筆者自2017年至今，參與了修

* 本文爲國家語委漢語辭書研究中心開放課題“《漢語大詞典》異形詞研究”（CSZX-YB-202003）的階段性成果，曾於2023年4月12日在西北師范大學文學院參加“簡讀西北”工作坊第37期講座交流。

〔1〕 漢語大詞典編輯委員會、漢語大詞典編纂處:《漢語大詞典》（第二版）徵求意見本，上海辭書出版社，2018年12月至2023年5月陸續出版第1—11册。

〔2〕 陳昕:《〈漢語大詞典〉（第二版）北京會議總結發言》，見《〈漢語大詞典〉修訂論集（一）》，上海辭書出版社，2014年，第12頁。

〔3〕 漢語大詞典編輯中心:《〈漢語大詞典〉（第二版）第一册出版座談會在滬隆重舉行》，見《〈漢語大詞典〉（第二版）工作簡報》，2019年第1期（總第20期），第2頁。

訂的部分工作，在工作中不斷領悟“訂嚴補慎”的修訂原則，越來越深刻地認識到這一原則的科學性和可操作性。現以該詞典“目部”爲例，舉例説明修訂工作的主要内容，并略談對“訂嚴補慎”修訂原則的理解與思考。

爲討論方便，我們把修訂工作分爲“訂”和“補”兩個方面。

一、關於“訂”

所謂“訂”，指的是訂正疏誤，主要是糾正《大詞典》初版中原有的硬傷。另外還有關於體例方面的改訂，比如音注方面，複詞條目中首音節之外的多音字，第一版的標注原則是“一般只注非常用音讀”，新版規定“與第一音項注音相同的一概不注”；第一版引用“今人寫的古體詩文”，保留繁體字，新版則規定現代書證（以民國開始爲界綫）用簡化字。[1]此類因體例調整而作的改訂，本文不作討論。

（一）詞目方面

1. 删除詞目

《大詞典》初版原有部分條目爲虚假條目，應予删除；或爲臨時組合，亦無立目必要。如“眉門”條：

【眉門】眉頭。《再生緣》第二九回：“半晌低頭生怒色，移時愁目皺眉門。”

此係虚假詞目。查《再生緣》，雖確爲“眉門”，但據押韻情況，實應爲“眉間”（該書第三六回有“點頭嗟歎皺眉間”之句，可以爲證）。試看其上下文：

成宗天子變龍顔，眼看私書嘿嘿然。
半晌低頭生怒色，移時愁目皺眉門。
連看血本龍心慘，忽見私書悶氣添。
長歎一聲還俯首，沉吟暗想不明言。[2]

以此不可靠的孤證而立目，不妥，當删。

再如“眼禿刷”條：

【眼禿刷】眼珠轉動貌。元 喬吉《兩世因緣》第一折：“那裏有野鴛鴦眼禿刷的在黄金殿；則這夥木鸚哥嘴骨邦的在仙音院。”

---

〔1〕以上規定分别見於《漢語大詞典》（第一版）凡例及《〈漢語大詞典〉（第二版）編纂手册》，後者由《漢語大詞典》（第二版）編委會、漢語大詞典編纂處、上海辭書出版社編纂并内部印行。

〔2〕［清］陳端生：《再生緣全傳》卷八，《續修四庫全書》第1746册，上海古籍出版社，2002年，第132頁。

“眼禿刷”實爲主謂短語，《大詞典》已收“禿刷”條，釋義爲“形容眼睛轉動靈活”，且正舉此例。不過斷句爲“那裹有野鴛鴦眼，禿刷的在黃金殿；則這夥木鸚哥嘴，骨邦的在仙音院”，欠妥。

2. 調整詞目

有些詞目的設立不够確當，根據新獲書證，可酌改詞目。如“瞧香的”條：

【瞧香的】方言。巫婆；巫師。冰心《冬兒姑娘》：“您從北海一回來，我就趕緊回家去，説了她幾次，勾起胃口疼來，就躺下了。我妹妹來了，給我請了個瞧香的來看了一次，她説是因爲我那年爲冬兒她爸爸許的願，没有還，神仙就罰我病了。”

此條以“的”字短語立目，欠妥，且係孤證條目。今擬調整詞目，更改釋義，補充例證。

【瞧香】一種療病驅邪的巫術。《濟公全傳》第五回：“老道一想：‘我也無非瞧香畫符，妖精善能變化人身，我别捉妖不成，反叫妖精捉我去了。’”〔1〕（下仍引冰心例，略）

3. 建立詞目關聯

根據相關詞目之間的形義聯繫，可以在異形條目或同源詞條目之間建立關聯，以便相互參證，彰顯詞義。如“瞑臣”條：

【瞑臣】春秋晉盲樂師師曠的自稱。《逸周書·太子晉》：“師曠對曰：‘瞑臣無見，爲人辯也，唯耳之恃，而耳又寡聞易窮。王子汝將爲天下宗乎！’”孔晁注：“師曠，晉大夫，無目，故稱瞑。”

按，此條釋義過窄，建議參見“冥臣”條，將釋義改訂爲：古代盲樂師的自稱。

（二）釋義方面

1. 改訂釋義

根據新見書證，可對原有釋義予以改訂，從而克服釋義過寬、過窄或釋義錯謬等問題。如“睿齡”條：

【睿齡】皇帝或太子的年齡。明 沈德符《野獲編·列朝二·聖主命名》：“大臣以立太子請，上命先命名，徐議册立，始以元年正月賜今御名。故事命名在百日，至是睿齡已五歲矣。”

〔1〕［清］無名氏著，何慶善點校：《濟公全傳》，安徽文藝出版社，2003年，第18頁。

根據以下書證，釋義擬改爲：指皇帝、后妃或皇子的年齡。宋蘇頌《賀太皇太后表》："物成歲美，遘時運之維新；地久天長，祝睿齡之共永。"[1]

又如"瞑視"條：

【瞑視】凝神注視。清 紀昀《閲微草堂筆記·如是我聞三》："奴子劉琪畜一牛一犬。牛見犬輒觸，犬見牛輒噬……後繫至兩處，牛或聞犬聲，皆昂首瞑視。"

按，此釋義係據孤證概括，不確。所引文句亦有誤。語素"瞑"指閉目、視不明，整詞意義不應爲"凝神注視"。根據搜檢到的文獻用例，今擬改訂爲：

【瞑視】❶合眼；視不明。晉 皇甫謐《針灸甲乙經·動作失度内外傷發崩中瘀血嘔血唾血》："勞風法在肺下，其爲病也，使人强上而瞑視，唾出若涕，惡風而振寒，此爲勞風之病也。"[2]按，《素問·評熱病論》"瞑"作"冥"。❷閉目無視。清 紀昀《閲微草堂筆記·如是我聞三》："奴子劉琪畜一牛一犬。牛見犬輒觸，犬見牛輒噬……後繫置兩處，牛或聞犬聲，犬或聞牛聲，皆昂首瞑視。"[3]

又如"相序"條：

【相序】依次。《太平廣記》卷三七三引唐 丁用晦《芝田録·賈耽》："自巳至午，果有二尼自東百步相序而至。"

按，此爲孤證條目，釋義不够全面。今據新獲書證，擬改訂爲：

【相序】遵循品秩；依照順序。《禮記·禮運》："大臣法，小臣廉，官職相序，君臣相正，國之肥也。"《太平廣記》卷三七三引唐 丁用晦《芝田録·賈耽》："自巳至午，果有二尼自東百步相序而至。"宋 劉敞《論性》："君臣以此相保，父子以此相親，夫婦以此相睦，長幼以此相序。"[4]

2. 删除義項

有的義項是根據虚假書證概括出來的，此類義項當予删除。如"目笑"條義項❷："猶眉開眼笑。金元好問《杏花雜詩》之三：'長年目笑情緣在，猶要春風慰眼前。'"經查，所引詩句中"目笑"實爲"自笑"，[5]因此這一義項當删除。

〔1〕曾棗莊、劉琳主編：《全宋文》第六十一册，上海辭書出版社，2006年，第224頁。

〔2〕［晉］皇甫謐：《針灸甲乙經》卷十一，明古今醫統正脈全書本。并參現代點校本。

〔3〕［清］紀昀：《閲微草堂筆記》，清嘉慶二十一年刻本，見國家數字圖書館。按，嘉慶五年刻本"瞑"作"瞋"。

〔4〕曾棗莊、劉琳主編：《全宋文》第五十九册，上海辭書出版社，2006年，第259頁。

〔5〕［金］元好問著，狄寶心校注《元好問詩編年校注》，中華書局，2011年，第578頁。

（三）例證方面

1. 核訂書篇名及著作者

《大詞典》初版中此類問題較多。以下簡單列舉（僅列舉所討論的例證，釋義及其他例證略）：

【相薄】漢 焦贛《易林・震之大過》："和氣相薄，膏澤津液，生我嘉穀。"（"震"應爲"艮"〔1〕）

【相$_2$儀】《太平廣記》卷二三二引五代 范資《玉堂閑語》："爐頂上有一僊人，戴遠遊之冠，着雲霞之衣，相儀端妙。"（應爲"五代王仁裕《玉堂閒話》"〔2〕）

【相契】相合；相交深厚。宋 陳灌《滿庭芳》詞："君知我，平生心事，相契古來希。"（"灌"應爲"瓘"〔3〕）

【相$_2$女配夫】元 王實甫《西廂記》第五本第四折："自古相女配夫，新狀元花生滿路。"王季思校注引沈暻曰："相女配夫，蓋成語。相，猶視也；視其女而配夫，言佳人必配才子也。"（"暻"應爲"璟"〔4〕）

【盲左】參閲清 凌藻揚《蠡酌編・左傳之左別解》。（應爲清 凌揚藻《蠡勺編・左傳之左別解》〔5〕）

【相語】清 和邦額《夜譚隨録・婁秀華》："何處小郎，强來與人家閨秀相語？"（"婁秀華"之"秀"應爲"芳"〔6〕）

【瞑聞】唐 韓愈《宿曾江口示侄湘》詩之一："篙舟入其家，瞑聞屋中唏。"（"侄"應爲"侄孫"。〔7〕韓湘，生於唐德宗貞元十年，唐河南河陽人，是韓愈侄孫、韓老成之子。韓愈有《左遷至藍關示侄孫湘》詩）

【瞭$_2$高】清 李漁《憐香伴・聞試》："院子遠立瞭高，防他倩代傳遞；梅香近身巡視，防他懷挾私抄。"（"聞試"應爲"女校"〔8〕）

【瞶禍氈災】明 胡應麟《少室山房筆叢・三墳補遺下》："至瞶禍氈災，未知王

---

〔1〕［漢］焦延壽著，馬新欽點校：《易林》，鳳凰出版社，2017 年，第 688 頁。

〔2〕［宋］李昉等編：《太平廣記》卷二三二，中華書局，1961 年，第 1780 頁。

〔3〕［清］朱彝尊、汪森輯：《詞綜》卷十，中華書局，1975 年，第 98 頁。

〔4〕［元］王實甫著，王季思校注：《西厢記》，上海古籍出版社，1978 年，第 197 頁。按，此處作"沈寧庵"。沈璟，字伯英，晚字聃和，號寧庵。

〔5〕［清］凌揚藻：《蠡勺編》，叢書集成初編本，商務印書館，1936 年。

〔6〕［清］和邦額：《夜譚隨録》，啟智書局，1935 年，第 42 頁。

〔7〕［唐］韓愈著，［清］方世舉編年箋注，郝潤華等整理：《韓昌黎詩集編年箋注》卷十一，中華書局，2012 年，第 589 頁。

〔8〕［清］李漁：《李漁全集》第四卷，浙江古籍出版社，1991 年，第 79 頁。

之所定等語，隱然若預知流彘之事者。"（"遺"當爲"逸"[1]）

【目下】《三國志·魏志·程昱傳》："至使尹模公于目下肆其奸慝。"（"昱"當爲"曉"。曉爲昱之孫[2]）

【相尋】《北史·源賀傳》："陳將吴明徹寇淮南，歷陽、瓜步相尋失守。"（"賀"當爲"彪"。彪爲賀之孫[3]）

2. 推溯書證原始出處

《大詞典》所引書證，有的出自後世輾轉承傳的次生文獻，而非原始文獻。今據搜檢，可以獲知其原始出處。對此類情況，應更改其出處，或更换其他例證，以準確反映詞語的歷史源流。如：

> 【相$_2$工】章炳麟《諸子學略説》："猶高祖初起，相工入豐沛之邦，多封侯之人矣，未必老少男女俱貴而有相也。"

按，經查此句完全出自漢王充《論衡·命義》。[4]因該條已引漢代例，故將此例替换爲：清談遷《國榷·英宗天順四年》："〔石亨、石彪〕嘗飲酒肆，相工見之曰：'今太平，安得此兩侯哉！'"[5]

> 【相連】《東周列國志》第十六回："公修公族，家修家族，相連以事，相及以禄，則民相親矣。"

按，所引《東周列國志》句，實出自《管子·小匡》："公修公族，家修家族，使相連以事，相及以禄，則民相親矣。"[6]"相連"條所引此例之前還有《論衡》例，今擬將此例移置於《論衡》例前。

3. 克服詞語識斷疏誤

《大詞典》征引書證，有時對句中語法關係的分析判斷存在偏差。如：

> 【目聽】清　蒲松齡《聊齋志異·青梅》："梅亦善候伺，能以目聽，以眉語，由是一家俱憐愛之。"

按，"以目聽""以眉語"均爲以介詞短語作狀語的狀中結構，當讀爲"以目/聽，以眉/語"，不可截取"目聽"爲詞。今以下例替换之：明蕅益智旭《觀音大士

〔1〕［明］胡應麟：《少室山房筆叢》，上海書店出版社，2001年，第342頁。

〔2〕［晉］陳壽撰，［南朝宋］裴松之注，中華書局編輯部點校：《三國志》卷十四，中華書局，1982年，第430頁。

〔3〕［唐］李延壽撰，中華書局編輯部點校：《北史》卷二八，中華書局，1974年，第1032頁。

〔4〕［漢］王充著，黄暉撰：《論衡校釋》卷二，中華書局，1990年，第45頁。

〔5〕［清］談遷著，張宗祥點校：《國榷》卷三三，中華書局，1958年，第2099頁。

〔6〕黎翔鳳撰，梁運華整理：《管子校注》卷八，中華書局，2004年，第411頁。

繡像贊》："大悲手眼從吾人，一念圓具，故能示相好於目聽耳觀。"〔1〕

【相$_2$地】《史記・周本紀》："〔后稷〕及爲成人，遂好耕農，相地之宜，宜穀者稼穡焉，民皆法則之。"

按，"相地之宜"爲動賓結構，"地之宜"爲賓語，不可截取"相地"爲詞。今以下例替換之：漢韓嬰《韓詩外傳》卷三："相地而正壤，理道而致貢，萬物群來，無有流滯，以相通移。"〔2〕

4. 訂正截句不當問題

《大詞典》所引語句，有時在句子起止點的判定上存在疏誤。如：

【目巧】《史記・龜策列傳》："紂有諛臣，名爲左彊。誇而目巧，教爲象郎，將至於天。"

按，所引爲韻文，原句爲："紂有諛臣，名爲左彊。誇而目巧，教爲象郎。將至於天，又有玉牀。"〔3〕其中"彊、郎、牀"爲韻，不可自"天"處切斷。

【相如】《後漢書・文苑傳上・杜篤》："厥土之膏，畝價一金，田田相如。"

按，此與上例相仿。原句爲："厥土之膏，畝價一金。田田相如，鐇钁株林。"〔4〕其中"金、林"協韻，不可自"如"處切斷。

5. 盡量替换自造例證

《大詞典》初版中有一定數量的自造例證。此次修訂，要求盡量以文獻所見實例替换此類例證。如：

【瞞上欺下】如：他一貫瞞上欺下，玩弄手法，今日落得如此下場，真是罪有應得。

按，此爲自造例。今擬替换爲：清王廷掄《申禁輕生圖賴》："縱令審出真情，從未聞按原告以反坐之律，治訟師以唆誣之罪，瞞上欺下，冒昧銷案。"〔5〕

【目測】如：鄉里組織了五個有經驗的老農實地進行了目測勘察，確定要把有地下水源的一百二十畝旱地變成水田。

---

〔1〕［明］蕅益智旭撰，釋明學主編：《净信堂初集》卷七，巴蜀書社，2014年，第203頁。

〔2〕［漢］韓嬰撰，朱英華整理，朱維錚審閲：《韓詩外傳》卷三，上海書店出版社，2012年，第75頁。

〔3〕［漢］司馬遷撰、［南朝宋］裴駰集解、［唐］司馬貞索隱、［唐］張守節正義，中華書局編輯部點校：《史記》卷一二八，中華書局，1982年，第3234頁。

〔4〕［南朝宋］范曄撰、［唐］李賢等注，中華書局編輯部點校：《後漢書》卷八十上，中華書局，1965年，第2603頁。

〔5〕［清］王廷掄：《臨汀考言》卷十六，清康熙刻本。見中國基本古籍庫。

按，此亦爲自造例。今擬替换爲以下二例：明黄道周《易象正》卷初上：“陰陽消長不可目測，所可測者，晨夕星晷而已。”[1]馬如龍《一個合作社開展勞動競賽的經驗》：“管理委員會决定以抗旱生産爲競賽主要内容，組織了五個有經驗的老農實地進行了目測勘察，確定要把有地下水源的一百二十畝旱地變成水田。”[2]

6. 糾正各類文字錯謬

《大詞典》書證中有許多文字疏誤，其中最爲多見的是形訛字（如下表中例1—13），少數爲音訛字（例14—17），個别屬於繁簡錯位之例（例18）。爲節省篇幅，以下採取列表方法，簡單列舉。

表1 《漢語大詞典·目部》書證誤字舉例

序號	詞目	所引例證	訛字	正字
1	瞑目	《淮南子·繆稱》：“故行險者不得履繩，出林者不符直道，夜行瞑目而前其手，事有所至，而明有所害，人能貫冥冥入於昭昭，可與言至矣。”	符	得
2	瞀瞀	漢王逸《九思·守志》：“日瞀瞀兮西没，道遐迥兮阻歎。”	迥	迴
3	盲	清朱錫綬《幽夢續影》：“對酒不能歌，盲于口；登高不能賦，盲于筆；古碑不能撫，盲于手；名山水不能游，盲于足。”	撫	橅
4	盲動	魯迅《書信集·致王志之》：“書中所寫，幾乎不過是投機的和盲動的脚色，有幾個只是趁熱鬧而已。”	趁	趕
5	相臣	清梁章鉅《退庵隨筆·官常一》：“賢者與賢者處，時多異同，其流遂至於公門别户，如公（指韓琦）者，真相臣之則也夫。”	公	分
6	相如渴	宋梅堯臣《魏文以予病渴贈薏苡二叢植庭下走筆戲謝》詩：“媿無相如才，偶病相如渴，[illegible]水有丈人，薏苡分叢茂。”	茂	茇
7	相坐	《文子·徵明》：“相坐之法立，則百姓怨。”	徵	微
8	相知恨晚	《史記·魏其武安侯列傳》：“〔竇嬰、灌夫〕兩人相爲引重，共游如父子然。相得驩甚，無厭，恨相知晚也。”	共	其
9	相趁	宋張先《好事近》詞之二：“相趁笑聲歸走，有隨人月色。”	走	去
10	瞥	唐裴鉶《傳奇·昆侖奴》：“唐勒遂持匕首，飛出高垣，瞥若翅翎，疾同鷹隼。”	唐	磨
11	相係	《梁書·到洽傳》：“明北袞、到長史遂相係凋落，傷怛悲惋，不能已已。”	袞	兖
12	目定口呆	《二十年目睹之怪現狀》第九二回：“伯勞聽了，不覺目定口呆，漲紅了臉。”	勞	芬

[1]［明］黄道周撰，翟奎鳳整理：《易象正》卷初上，中華書局，2011年，第62頁。

[2] 中共山西省委辦公廳輯：《農村社會主義事業的新事情》（第1集），山西人民出版社，1956年，第165頁。

續表

序號	詞目	所引例證	訛字	正字
13	眉斧	宋劉克莊《梅州楊守鐵庵》詩："身重豈容眉斧伐，時危猶要脊梁檐。"	檐	擔
14	瞟覷	《二刻拍案驚奇》卷二七："那大漢看見迴鳳美色，不轉眼的上下瞟覷，跟定了他兩人，步步傍着不捨。"	鳳	風
15	相妨	清李漁《奈何天・錫麒》："這個解法雖然極好，只是與赦罪的條款略有些相妨。"	麒	祺
16	瞶	清褚人穫《堅瓠餘集・淮海龍神》："〔張鯉庭〕子某往探父，待舟瓜步，見一虬髯老翁……頓覺瞶眩，口發譫語。"	庭	亭
17	相馬	《孔子家語・子路初見》："孔子曰：'里語云，相馬以輿，相士以居，弗可費矣。'"	費	廢
18	目見	漢王充《論衡・説日》："魯史目見，不空言者也，雲與雨俱，雨集於地。"	雲	云

以上例 3，橅，同"模"，即摹寫、摹刻之意。[1]例 18，云"與雨俱"，是説上文講"與雨俱"。此"云"爲言説之意，不是風雲雨電之"雲"。[2]

下面一例中的誤字其實不是"字"——"目擊道存"條引元一虚叟《題四子贊》："乃復寫之琬㲀，與天下公共，必有目擊道存者矣。"

句中"㲀"字不見於字書韻書，甚爲可疑。經查《題四子贊》一文出自清人王昶《金石萃編》卷一二九。[3]該書中凡遇清代帝王名諱及廟號，輒以"㲀"或"廱"代替。這其實是兩個避諱符號，而非一般意義上的"字"。今據中國基本古籍庫搜檢，該書中這兩個符號出現的次數分别爲 108 次和 1120 次。以"目擊道存"條所引語句而論，根據文意，此處的"㲀"所代替的應當是"琰"字。琬琰，爲碑石之美稱。唐玄宗《孝經序》："寫之琬琰，庶有補於將來。"[4]清嘉慶皇帝名顒琰，此處爲避其諱而改用此特殊符號。《大詞典》引此爲證，可恢復其本來面目，改爲"琰"字。

7. 訂正專名標注舛誤

專名號標注，牽涉問題很多。表面上看是專名號標注不確，其實質是對相關問

〔1〕［清］張潮、朱錫綬著：《幽夢影・幽夢續影》，文化藝術出版社，2015 年，第 171 頁。

〔2〕［漢］王充著，黄暉撰：《論衡校釋》卷十一，中華書局，1990 年，第 514 頁。

〔3〕［清］王昶：《金石萃編》，見中國東方文化研究會歷史文化分會編《歷代碑志叢書》（第七册），江蘇古籍出版社，1998 年，第 57 頁。

〔4〕胡平生譯注：《孝經譯注》，中華書局，2009 年，第 55 頁。

題認識有誤。如：[1]

【瞠然】郭沫若《虎符》第三幕："［揮如姬］'走！我們快走！'餘人均瞠然。

按，"揮"是動詞，"如姬"是人名。"揮"處不當打專名線。

【目不交睫】清 曾國藩《金陵湘軍陸師昭忠祠記》："會有天幸，九帥獨免於病，目不交睫者月餘，而勤劬如故。"

按，"九帥"指曾國荃，因其在族中排行第九，故稱"曾九""曾九帥"。因此當加專名線。

【相亞】晉 干寶《搜神記》卷二："吴孫峻殺朱主，埋於石子岡。歸命即位，將欲改葬之，冢墓相亞，不可識别。"

按，"吴孫峻"當爲"吴 孫峻"。孫峻爲三國吴丞相大將軍，《三國志·吴志》有傳。朱主，孫權女，即公主魯育，左將軍朱據之妻。

【相$_2$板】《南史·孝義傳上·庾道愍》："道愍尤精相板，宋明帝時，山陽王休祐屢以言語忤顔……"

按，"山陽 王休祐"實應爲"山陽王 休祐"。休祐姓劉，南朝宋宗室大臣，宋文帝劉義隆第十三子。孝建二年封山陽王。

【相契】唐 南卓《羯鼓録》："〔王皋〕命取食柈，自選其極平者，遂置二棬於柈心……"

按，"王皋"實指"嗣曹王 皋"，即李皋。李皋，曹王李明玄孫。《舊唐書》有傳。

【相$_2$術】宋 錢易《南部新書》癸："聞桑道茂善相術，車馬闐門，羣傾囊奉之。"

按，"羣"指盧羣，當加專名號。上文有句："盧羣居鄭之圃田，讀書業成，東游淮海，求索得千縑，西之長安。"[2]

【相持不下】《魏書·裴良傳》："時南絳蜀 陳雙熾等聚衆反，自號建始王，與大都督長孫稚、宗正珍等相持不下。"

按，"宗正珍"實應爲"宗正珍孫"，"宗正"乃其複姓。[3]

【眢】清 李斗《揚州畫舫録·小秦淮録》："至城中井水之可用者，天寧門青龍泉、東關 廣陵二泉。近今青龍泉已眢。"

---

〔1〕本節討論專名號使用問題，因此所舉例證據《大詞典》原貌，於專有名詞下標注專名號。其他各節一概不標。

〔2〕［宋］錢易撰，黄壽成點校：《南部新書》，中華書局，2002年，第172頁。

〔3〕［北齊］魏收撰，中華書局編輯部點校：《魏書》卷六九，中華書局，1974年，第1531頁。

按，“廣陵”當爲“廣陵濤”。下文有句：“廣陵濤在東關南城脚人家中，幾無可考。”〔1〕

【相挺】明 姚士粦《見只編》卷上：“元季沙 張二帥守瓊，不能制其下，繇是土豪與洞 黎相挺爲亂。”

按，“洞 黎”當連打爲“洞黎”。古代称黎族人爲“洞黎”。参《大詞典》“洞黎”条。

【督亢】清 閻爾梅《燕趙雜吟》：“上古膏腴環督亢，中山意氣感壺餐。”

按，“上古”當爲“上谷”。〔2〕“上谷”爲地名，與下句“中山”相類。

【眂事】《漢書·叙傳上》：“上出過臨侯伯，伯惶恐，起眂事。”

按，“臨侯伯”當爲“臨侯伯”，“臨侯”爲動詞，“伯”指班况之子班伯，亦即班固的伯祖父。“伯惶恐”中，“伯”也應加專名號。〔3〕

8. 盡力統一引書格式

《大詞典》引證豐富，所引文獻體制複雜，引用格式或不統一。爲統一格式，編委會制訂了《引書格式》及《工作用表》，修訂時應以此爲準。

【瞞瞞頇頇】《古尊宿語録·佛眼小參語録》：“若也實得箇安樂處，便須識得些子好惡，辨取些子邪正，不可瞞瞞頇頇，儱儱侗侗，秪恁自欺自誑。”

按，據《引書格式》，《古尊宿語録》出卷次，不出篇名。此處應改訂爲“《古尊宿語録》卷三一”。

【眄伺】《漢書·文三王傳》：“讒臣在其間，左右弄口，積使上下不和，更相眄伺。”

按，《引書格式》規定：“‘二十五史’中的‘帝王宗室諸子（包括公主）傳’不作類傳處理……《漢書·趙幽王劉友傳》（不作《漢書·高五王傳·趙幽王劉友》）。”據此，“讒臣”句出處當改爲《漢書·梁懷王劉揖傳》。

【聱宗】《陳書·沈不害傳》：“成均自斯墜業，聱宗於是不脩。”

按，據《引書格式》及《工作用表》，此句出處應標爲《陳書·儒林傳·沈不害》。

“相[1]”條引晉李密《陳情事表》：“煢煢孑立，形影相弔。”按《引書格式》，《陳情表》不作《陳情事表》。

〔1〕［清］李斗撰，汪北平等點校：《揚州畫舫録》卷九，中華書局，1980年，第206頁。

〔2〕［清］卓爾堪編，蕭和陶點校：《遺民詩》卷三，華東師範大學出版社，2013年，第155頁。

〔3〕［漢］班固撰，［唐］顔師古注，中華書局編輯部點校：《漢書》卷一百上，中華書局，1962年，第4200頁。

“瞶[1]”條引清葉燮《原詩》：“其餘非戾則腐，如聾如瞶不少。”按《引書格式》，應作“《原詩·外篇上》”。

二、關於“補”

（一）詞目方面

1. 增設新目

根據《大詞典》立目原則，符合立目條件而初版未收的條目，新版可酌予收録。如：

【目汁】眼淚。宋　徐積《送張宜父赴南從幕府》詩：“所以不欲讀史書，鼻洟目汁沾髭鬚。”[1]明　李攀龍《孤兒行》：“目汁稠濁，頭面生瘡。”[2]

【盲視】❶盲人復明。唐　道世《法苑珠林》卷六七：“國人飲水，并皆得力。聾聽盲視，瘖語躄伸，衆疾皆然。”又卷七七：“高卑相從，溝坑皆平，盲視聾聽，瘂語躄行，狂者得正，病者除愈。”[3]❷眼瞎。清 張怡《玉光劍氣集·義士》：“有市人子，途遇賊，叱令執轡，嘻而嫚駡曰：‘安有人爲賊役者！爾不盲視，爾翁寧畏死者！’賊殺之。”[4]

【相$_2$夫教子】輔助丈夫，教育子女。宋 樓鑰《知江州汪公墓誌銘》：“明慧勤約，内助甚飭。相夫教子，俱有可稱。”[5]清 李顒《李母彭孺人墓表》：“然相夫教子之際，昔之人亦常稱道不絶，夫亦不没其善者，是人情矣。”[6]

2. 增設異形條目

漢語詞彙中存在大量的異形詞。《大詞典》初版收列的有些條目，有必要增收其相關異形。適當增收異形條目，有助於推溯詞源、完善釋義。下面以列表形式約舉數例。

---

〔1〕［清］吴之振、吕留良、吴自牧選，［清］管庭芬、蔣光煦補：《宋詩鈔》，中華書局，1986年，第1266頁。

〔2〕［明］李攀龍著，包敬第標校：《滄溟先生集》卷一，上海古籍出版社，1992年，第21頁。

〔3〕［唐］釋道世著，周叔迦、蘇晉仁校注：《法苑珠林校注》卷五四、卷六二，中華書局，2003年，第1621、1833頁。

〔4〕［清］張怡撰，魏連科點校：《玉光劍氣集》卷十六，中華書局，2006年，第646頁。

〔5〕曾棗莊、劉琳主編：《全宋文》第二六六册，上海辭書出版社，2006年，第81頁。

〔6〕［清］李顒撰，陳俊民點校：《二曲集》卷二五，中華書局，1996年，第333頁。

表 2 《漢語大詞典·目部》擬增設異形條目舉例

序號	原有詞目	擬增設異形詞目	異形詞書證	備注
1	眷客	睠客	元盧摯《游茅山》詩序："主人睠客，殊未艾也。"〔1〕	據以新增義項"眷愛客人"
2	盼顧	盻顧	元郝經《静華君墨竹賦》："百千其狀，劍拔戟踞。會于嚬呻，而得於盻顧。"〔2〕	
3	瞶禍翫災	瞶禍翫烖	《逸周書·芮良夫》："爾乃瞶禍翫烖，遂弗悛，予未知王之所定。"〔3〕	建議以"瞶禍翫烖"爲主條
4	瞌困	瞌睏	明馮夢龍《夾竹桃·前度劉郎》："栽花小姐瞌睏來，半掩房門嬾去開。"〔4〕	
5	目瞪舌彊	目瞪舌强	清趙希璜《和董巳堂大令寄懷原韻》："先生移情，目瞪舌强。"〔5〕	
6	目使頤令	目使頤指	宋孫覿《宋故資政殿大學士王公墓誌銘》："於是百官趨前，萬兵擁後……目使頤指，翕然響應，無一辭怨議。"〔6〕	

（二）釋義方面

《大詞典》初版因資料所限，有些詞條所設義項不够齊全。隨着檢索條件的改善，搜檢到的用例或與原有釋義未合，因此有必要新設義項。如：

"相争"條，原有義項：彼此争奪；争鬥。擬補義項及書證：相互争論。《淮南子·詮言》："三人同舍，二人相争，争者各自以爲直，不能相聽，一人雖愚，必從旁而决之，非以智，不争也。"〔7〕

"相首"條，原有義項：回顧相向。擬補義項及書證：相互檢舉揭發。《元史·刑法志三》："諸無服之親，相首爲盗，止科其罪，免刺配倍贓。"〔8〕

"相伐"條，原有義項：自相矛盾。擬補義項及書證：❶猶相克。《文子·上

〔1〕［清］顧嗣立編：《元詩選三集》，中華書局，1987 年，第 114 頁。

〔2〕李修生主編：《全元文》卷一二〇，鳳凰出版社，1998 年，第 57 頁。

〔3〕《逸周書》卷九，四部叢刊景明嘉靖二十二年本。

〔4〕［明］馮夢龍、［清］王廷紹等編述：《明清民歌時調集》（上册），上海古籍出版社，1987 年，第 463 頁。

〔5〕［清］趙希璜：《四百三十二峰草堂詩鈔》卷二五，清乾隆五十八年安陽縣署刻增修本。

〔6〕曾棗莊、劉琳主編：《全宋文》第一六一册，上海辭書出版社，2006 年，第 90 頁。

〔7〕［漢］劉安編，劉文典撰，馮逸、喬華點校：《淮南鴻烈集解》卷十四，中華書局，2013 年，第 483 頁。

〔8〕［明］宋濂等撰，中華書局編輯部點校：《元史》卷一〇四，中華書局，1976 年，第 2665 頁。

禮》:"奇静爲躁,奇治爲亂,奇飽爲飢,奇逸爲勞,奇正之相應,若水火金木之相伐也,何往而不勝。"[1] ❷ 相互攻戰。《史記·伍子胥列傳》:"楚平王以其邊邑鍾離與吴邊邑卑梁氏俱蠶,兩女子争桑相攻,乃大怒,至於兩國舉兵相伐。"[2]

"相外"條,原有義項及書證:猶見外,當外人看待。《醒世姻緣傳》第八一回:"既是童奶奶吩咐,俺們不敢相外,擾三鍾。"今擬訂補爲:

【相外】❶ 相互排斥。《公孫龍子·堅白論》:"天下無白,不可以視石;天下無堅,不可以謂石。堅白石不相外,藏三可乎?"[3]❷ 猶見外,當外人看待。宋 蘇轍《與王介甫論青苗鹽法鑄錢利害》:"此後有異論,幸相告,勿相外也。"[4](後仍引《醒世姻緣傳》例,略)

再如"目學"條:

【目學】佛教語。謂瀏覽涉獵。吕澂《中國佛學源流略講·三論宗》:"他帶着人到處去搜羅文疏寫本,積滿了三間屋子,所以他目學的長處,是過人的。"

今據搜檢到的文獻例證,擬替换原有書證,并增設義項:

【目學】❶ 謂瀏覽涉獵。唐 道宣《續高僧傳·義解七·吉藏》:"乃率其所屬往諸寺中,但是文疏,并皆收聚,置於三間堂内。及平定後,方洮簡之,故目學之長,勿過於藏,注引宏廣,咸由此焉。"[5]❷ 指識字讀書的學習手段。元 吴澄《送杜教授北歸序》:"得異人制國字,假形體,别音聲,俾四方萬里之人,因目學以濟耳學之所不及,而其制字之法則與古異。"[6]

(三)例證方面

1. 補充早期書證——溯源

《大詞典》有些詞條書證時代過晚,不能充分顯示詞語的歷史淵源及詞義演變情況。今以現代技術條件,可以廣泛搜求典籍,沿其波而討其源。如:

"目擊耳聞"條,原引魯迅《而已集·黄花節的雜感》,且僅此孤證。今擬補首證:宋林旦《論安反側不必降詔奏》:"向日執政之臣、言事之官,目擊耳聞,不肯

[1] 王利器撰:《文子疏義》卷十二,中華書局,2009年,第537頁。

[2] [漢]司馬遷撰,[南朝宋]裴駰集解,[唐]司馬貞索隱,[唐]張守節正義,中華書局編輯部點校:《史記》卷六六,中華書局,1982年,第2174頁。

[3] [戰國]公孫龍著,王琯撰:《公孫龍子懸解》,中華書局,1992年,第79頁。

[4] [宋]蘇轍撰,俞宗憲點校:《龍川略志》,中華書局,1982年,第14頁。

[5] [唐]道宣撰,郭紹林點校:《續高僧傳》卷十一,中華書局,2014年,第395頁。

[6] 李修生主編:《全元文》卷四七六,鳳凰出版社,1998年,第100頁。

以告，故使朝廷未正其罪。”〔1〕

“目瞪口張”條，原引曹禺《北京人》第一幕例，亦爲孤證。今擬補首證：宋謝逸《上南城饒深道書》：“睹者皆目瞪口張，恍然疑駭，徐而争持金帛，高其價而市之。”〔2〕

“盲目”條，雙目失明義引王統照《號聲》例，爲孤證。今補唐道世《法苑珠林》卷一一〇：“向所説法，其理若當，願以衆淚洗王子目，令得復明。理若不當，盲目如故。”〔3〕

“相重”條，原引郭沫若《雄雞集·團結、工作、批評》，爲孤證。今補《史記·司馬相如列傳》：“是時卓王孫有女文君新寡，好音，故相如繆與令相重，而以琴心挑之。”〔4〕

“瞵視”條，原引林音《致大戈壁》詩，爲孤證。今補《清經世文三編》卷七三：“法國駐土耳其使臣剛邦君近謁土王，謂土亂復起，歐洲瞵視，定以兵刃相加，列邦有同心焉。”〔5〕

“瞥眼間”條，原引許傑《大白紙》例，爲孤證。今補明凌濛初《虬髯翁》第二齣：“長揖罷，嚇得俺身軀退；瞥眼間，攪得俺心窩碎。”〔6〕

“瞞心”條，原引元鄭廷玉《看錢奴》第二折等例。今補宋黄震《回王府僉書》：“今乃因幹辦公事之可慕，羈旅飢餓之可畏，便爲利害所動……幕中寫了一兩句瞞心趣辦之語，下面苦多少人！”〔7〕

“瞑卧”條，原引清蒲松齡《聊齋志異·王蘭》例，爲孤證。今補宋洪邁《夷堅甲志·誤入陰府》：“李俯欲拾，蹶而痦。蓋昏然瞑卧經日矣。”〔8〕

2. 補充晚近書證——探流

與上述情況相反，有的詞條下僅有較早書證，而缺乏較爲晚近的書證。針對這種情況，有必要下探其流，以見其承傳。如：

“眊瞭”條，原引漢王充《論衡·本性》例，爲孤證。今補元董壽民《贈明

〔1〕曾棗莊、劉琳主編：《全宋文》第九十二册，上海辭書出版社，2006年，第301頁。

〔2〕曾棗莊、劉琳主編：《全宋文》第一三三册，上海辭書出版社，2006年，第222頁。

〔3〕［唐］釋道世著，周叔迦、蘇晉仁校注：《法苑珠林校注》卷九一，中華書局，2003年，第2642頁。

〔4〕［漢］司馬遷撰，［南朝宋］裴駰集解，［唐］司馬貞索隱，［唐］張守節正義，中華書局編輯部點校：《史記》卷一一七，中華書局，1982年，第3000頁。

〔5〕《清經世文三編》卷七三，清光緒石印本。

〔6〕《盛明雜劇二集》卷二二，民國十四年董氏誦芬室刻本。

〔7〕曾棗莊、劉琳主編：《全宋文》第三四八册，上海辭書出版社，2006年，第128頁。

〔8〕［宋］洪邁撰，何卓點校：《夷堅志》甲志卷十九，中華書局，2006年，第170—171頁。

似山和尚》詩："平生不識藥和鍼，兩眼看人到夜深。誰信胸中分眊瞭，勸師醫眼且醫心。"[1]

"眉雪"條，原引宋韓維《和景仁元夕》例，爲孤證。今補元洪希文《田舍曲》："眉雪老翁芻一束，肩犁扶犢出新田。"[2]

"眼引"條，原引唐張鷟《遊仙窟》例，爲孤證。今補《清平山堂話本·錯認屍》："這周氏如常涎鄧鄧的眼引他。這小二也有心，只是不敢上前。"[3]

"睦友"條原引《禮記·文王世子》例，爲孤證。今補唐柳宗元《道州毀鼻亭神記》："蓋將教孝悌，去奇邪，俾斯人敦忠睦友，祗肅信讓，以順于道。"[4]

三、"訂"何以須"嚴"，"補"因何宜慎？

以上列舉了《大詞典·目部》修訂中"訂"和"補"兩方面的主要內容。通過以上列舉，我們想説明的是，修訂中"訂""補"二者相比，"訂"是主要任務，是基本着眼點。"訂"的對象包括方方面面，可訂者衆多，任務繁巨，不可等閒視之。"補"雖亦大有可爲，但畢竟屬於錦上添花之事，如非必需，則非急務，不可本末倒置。因此，《大詞典》修訂以"訂嚴補慎"爲原則，有很强的科學性和可操作性。根據近年參與修訂工作的實踐，筆者理解這一原則的科學性和可操作性在於：

第一，"訂"的目的在於糾謬、求實、守正，而"補"的目的在於兼容、增廣、創新。因此前者須嚴，後者宜慎。

第二，"訂"對象有限，目標可控，而"補"資料無限，補不勝補。因此就"訂"而言，當訂必訂，務求精善；就"補"而言，補必當補，須知節制。

第三，"訂"如掃落葉，其功不顯；"補"如添磚石，"成效"顯然。因此在"訂嚴"上要甘坐冷板凳，練就真功夫，慧眼獨具，敢於"雞蛋裏挑骨頭"。而在"補慎"方面，則要保根本、添精彩，不以增繁爲能事，防止貪大求全、狂增濫補。

第四，"訂"旨在切磋琢磨，精益求精。"訂"若從嚴，有益於詞典的內部和諧。"補"意在補苴罅漏，加葉添枝。"補"若不慎，易造成體例舛互、例證衝突、關聯失當，或産生其他新誤。因此"訂"務須"嚴"，而"補"尤宜"慎"。

---

〔1〕 楊鐮主編：《全元詩》，中華書局，2013年，第10頁。

〔2〕 同上書，第189頁。

〔3〕［明］洪楩輯，程毅中點校：《清平山堂話本校注》，中華書局，2012年，第343頁。

〔4〕［唐］柳宗元撰，尹占華、韓文奇校注：《柳宗元集校注》卷二八，中華書局，2013年，第1836頁。

第五，詞典修訂有一定的時間進度及工期限制，在人力、時間都不十分寬裕的情况下，“訂”“補”兩方面的工作，無疑應當側重於前者，這也是毋庸諱言的事實。

《大詞典》第二版徵求意見本已出版至第 11 册，其餘各册也將陸續出版。我們衷心希望“訂嚴補慎”的修訂原則在後續工作中得到更好的體現，也希望這一原則給其他相關辭書的修訂帶來啟發。

The Practice and Thought of Revision Principle of "Strict Correction and Prudent Supplement" of the Chinese Dictionary

——Taking Radical 目 as an Example

He Maohuo

Abstract: The revision of the Chinese Dictionary adheres to the principle of "strict correction and prudent supplement". As far as "correction" is concerned, there are three main aspects of work. The terms of entries include deleting, adjusting and establishing associations of entries; the explanations include the revision and deletion of senses; the examples include checking the title and author of the book, tracing the original source of the writing examples, correcting the misconception of words and the improper truncated sentences, replacing self-made examples, correcting the errors of characters and that of the marks of special names and unifying the citation format. As far as "supplement" is concerned, there are also three aspects of work. The terms of entries include the addition of new items and variant entries; in terms of interpretation, it is mainly the addition of senses; in terms of examples, it includes the supplement of early and recent writing examples. Through the above work practice, it can be seen that the revision principle of "strict correction and prudent supplement" is very scientific and operable. Strict correction is the fundamental guarantee to improve the quality of the dictionary, and prudent supplement is also an inevitable requirement to ensure the level of revision.

Keywords: Chinese Dictionary; strict correction and prudent supplement; revision

（何茂活　河西學院文學院）

《敦煌馬圈灣漢簡集釋》訂誤九則

閆　穎

提　要：本文主要根據《敦煌馬圈灣漢簡集釋》所公布的紅外線圖版和釋文，在已有學術成果的基礎上，結合出土文獻和傳世文獻，對部分簡文的釋讀提出新看法，共校讀14條簡文，改釋16字。其中“前”“六”“觴”“監”“斗”“女”等字，依次被改釋爲“煎”“九”“傷”“臨”“升”“子”等字；部分未釋字被改釋爲“舍中”“子□”等；以及改釋三組異體字，分別是“隧”“隧”“隊”和“蓬”“逢”“蓬”以及“蘭”“闌”等。

關鍵詞：敦煌馬圈灣漢簡　釋文　訂誤

《敦煌馬圈灣漢簡集釋》(下文簡稱《集釋》)[1]，該書獨特之處在於其使用紅外線技術，保證原簡圖版較高的清晰度，從而提高簡文釋讀的準確性。但簡文釋讀方面仍有剩義可尋，本文在核對圖版基礎上，參考已有學術成果，對《集釋》中誤釋字進行訂誤。

第一則：訂誤“前”爲“煎”

簡193A：始建國天鳳三年十二月壬辰敦德玉門行大尉事試守千人輔試守丞況謂大前都尹西曹聊掾行塞蓬[2]

按：“玉”，圖版作，從字形上看應隸定爲“王”，然而審查《集釋》中的“玉”“王”二字，發現這兩個字的字形上存在混用現象。甲骨文、金文中的“王”“玉”二字有嚴格的區別標誌，絶不相混。發展到戰國文字則發生變化，王字開始與玉字相混。爲了區別二字，開始在玉字上加區別符號，即在玉字上加上一點或兩點爲區別標誌。[3]但這種區別特征所處位置在初期還未固定。《集釋》中“玉”

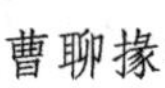

〔1〕 文中所列釋文和圖版均出自張德芳：《敦煌馬圈灣漢簡集釋》，甘肅文化出版社，2013年。以下不另注，僅標明簡號。

〔2〕 引文的下劃線爲筆者所加，以下不另注。

〔3〕 劉釗：《古文字構形學》，福建人民出版社，2011年，第155頁。

字共存在四種字形，分别是：（1）（《集釋》32A）；（2）（《集釋》483A）；（3）（《集釋》191）；（4）（《集釋》1067）。第（1）（2）種字形表明“玉”字的點畫位置至王莽新朝时還未完全固定。第（3）種即簡 193A 中出現的字形，此類字形仍處於與“王”字相混的階段，但根據上下文，能够將二者區分開來。根據簡 193A 中該字形的上下文，該字隸定爲“玉”字無誤。

“前”，圖版作，當釋爲“煎”。從字形上看，此字雖與“前”字的字形相近，“前”字如（《集釋》15）、（《集釋》175）、（《集釋》7）。然而細審圖版，便會發現：此字與“前”字相比，其立刀旁位置明顯偏上，且立刀旁下方存在火字底，而“前”字右下部是十分清楚的立刀旁。故二者的區别在於有無火字底。“煎”字的字形如（《集釋》187）、（《集釋》1035B），均爲右下角或底部有火字底。“煎”字草化後，火字底逐漸草寫成一横行，如（《集釋》185）。

再從語義上看，“大前都”和“大煎都”，二者都表示同一地方。這一異名同地現象源自王莽時地名、職官等一系列的更名政令，如“敦煌”，新莽改制先稱“文德”，後再改爲“敦德”[1]；改郡太守爲大尹，都尉爲太尉[2]；大煎都除去寫作大前都外，還有寫作大泉都的[3]。但這一名稱的更改并非絶對，如簡 181：“皇帝陛下 始建國天鳳三年正月甲戌上敦德大煎都候鄣”中“敦德”與“大煎都”共現。

“始建國天鳳三年十二月壬辰”，即公元一六年。“敦德玉門行大尉事試守千人輔、試守丞況謂大煎都”中“敦德玉門”即敦煌郡玉門都尉。以較低的官暫代較高職務稱“行”。[4]上文已經提及“大尉”是王莽時期變更的官名，即都尉。“輔”和“況”爲人名，官職分别是“試守千人”和“試守丞”。“千人”，新莽武官職。“丞”，新莽早期縣宰副貳之稱謂，承自西漢。[5]“試守”相當於現今所説的試用期，經過一年的“試守”期，如果合格，才是“真吏”或“真官”。[6]“大前都”上文已改釋爲“大煎都”，是漢代玉門都尉所轄兩候官之一。“尹西曹聊掾行塞蓬”中的“尹”是王莽時期的官職名“大尹”的簡称。敦煌尹府置有西曹，其職守之一爲徼巡塞上烽火。[7]聊掾屬中央派來的巡行官員。“行塞蓬”中“行塞”指巡行檢查邊

---

〔1〕饒宗頤、李均明：《新莽簡輯證》，新文豐出版公司，1995 年，第 170 頁。

〔2〕［漢］班固：《漢書》，中華書局，1999 年，第 3014 頁。

〔3〕白軍鵬：《敦煌一棵樹烽燧遺址漢簡釋文校訂》，《中國文字學報》總第九輯，第 150—154 頁；郝樹生、張德芳：《懸泉漢簡研究》，甘肅文化出版社，2008 年，第 312 頁。

〔4〕沈剛：《居延漢簡語詞彙釋》，科學出版社，2008 年，第 89 頁。

〔5〕饒宗頤、李均明：《新莽簡輯證》，新文豐出版公司，1995 年，第 140—141 頁。

〔6〕黎虎：《説“真吏”——從長沙走馬樓吳簡談起》，《史學月刊》2009 年第 5 期，第 50—61 頁。

〔7〕吳礽驤、李永良、馬建華：《敦煌漢簡釋文》，甘肅人民出版社，1991 年，第 349—350 頁。

塞[1]，“蓬”是一種懸掛在三丈高蓬杆上類似燈籠的一種筒狀物，高爲漢代五尺、直徑四尺，外表或蒙有鮮亮的布帛。一般在白天與其他信號組合使用，不同的數量與組合方式代表了不同的軍情狀況。[2]簡193A應釋讀爲“始建國天鳳三年十二月壬辰，敦德玉門行大尉事試守千人輔、試守丞況謂大煎都，尹西曹聊掾行塞蓬”。[3]

第二則：訂誤“六”爲“九”

簡303：凡外塞吏子使女卌三人 積三千六百一十二人

按：本簡左上略有殘損，字迹較爲清晰。“六”，圖版作，當釋爲“九”。以下爲“六”和“九”的字形比較：

“六”字：（《集釋》301＋302）、（《集釋》321）、（《集釋》94）。

“九”字：（《集釋》501）、（《集釋》367A）、（《集釋》310）。

“六”字的筆順爲點、横、撇、點；“九”字的筆順爲撇、横斜鉤。二者的區别在於“六”的横畫和點畫是相離的，而“九”是横斜鉤，爲連貫的筆畫。圖版所示字形除撇畫外爲連貫筆畫，故該字應改釋爲“九”。簡303爲吏子、葆、私從者、奴婢出塞計量簿[4]，此簡應釋讀爲“凡外塞吏子、使女卌三人，積三千九百一十二人”。[5]

第三則：隧、燧、隊

按：漢時邊塞軍隊建制有都尉、候官、部、隧四級。在防禦組織的候望系統中，隧是最基層的哨所，即烽火臺和它的屋舍。從殘存的簡文看來，每隧的人數不多，少者一二人，多者五六人。[6]在《集釋》中同時出現“隧”“隊”“隊”以及“隊”四個字，具體用例以及圖版如下：

[1] 沈剛：《居延漢簡語詞彙釋》，科學出版社，2008年，第90頁。

[2] 張俊民：《敦煌漢簡烽火品約中的“蓬”與其他》，《簡牘學研究》總第十輯，第260頁。

[3] 文中所列釋文的標點參考白軍鵬：《敦煌漢簡校釋》，上海古籍出版社，2018年（簡稱“白校釋”），并根據文意有所改動。簡193A“白校釋”爲“始建國天鳳三年十二月壬辰，敦德玉門行大尉事、試守千人輔、試守丞況，謂大前都：尹西曹聊掾行塞蓬。”以下幾則在有改動的前提下方注明“白校釋”標點，以供參考。

[4] 文中簡牘的歸類均參考吳礽驤、李永良、馬建華：《敦煌漢簡釋文》，甘肅人民出版社，1991年。以下不另注。

[5] “白校釋”爲“凡外塞吏子、使女卌三人積三千六百一十二人”。

[6] 陳夢家：《漢簡綴述》，中華書局，1980年，第55頁。

簡 260：臨澤隧卒河東襄陵平望里馬長居

簡 32A：玉門千秋隊

簡 333：威嚴卒薛由　六月食稟千秋糒二斗　壬申隊長并付由

簡 332：臨要卒趙立　六月食糒二斗　六月壬申隊長并付立

“隧”“隊”“隊”以及“隊”爲異體字，都表示漢代邊塞軍隊建置的最後一級。李均明指出“隊”“燧”“隧”三字皆通。[1]《新莽簡輯證》中的“燧”是“隊”和“隊”的統一隸定字形。本文也採用“燧”爲“隊”和“隊”的統一隸定字形。關於“隧”“隊”“燧”這三個異體字，我們有兩種看法：一是此三字爲異體字，狹義上理解異體字即形體不同而意義相同，可以通用。故在隸定時可以統一隸定爲較爲通用的“隧”字；第二種看法是既然在同一本書中將這三個異體字單獨處理，所以應根據其字形進行隸定。在《集釋》中存在一些簡牘的釋文將上述三字弄混，現舉出三例，具體用例及其圖版如下：

簡 522：出　元始四年二月戊辰士吏宣以給蒼龍燧[2]長成并三年十月奉

簡 592：誅虜隧卒閻過倫[3]　有方　薪干幡卩

簡 771：千秋隧長訢敢言之官卒王可之

應將簡 522 的“燧”改釋爲“隊”，簡 592 的“隧”改釋爲“燧”，以及簡 771 的“隧”改釋爲“燧”。

此外，“蓬”“逢”“蓬”以及“蘭”“闌”與上文的“隧”及其異體字用法相似，也存在混用情況，具體用例及圖版如下：

簡 10：亟下蓬滅火中部和以北□逢燔薪如品南（蓬）（逢）

簡 691：　　　長斧四 木面衣一　蓬十二

守御器

長椎四　出火具各一　煙竈[4]□

簡 10 中標有下劃線的第一個字應改釋爲“逢”，用如“蓬”。簡 691 的“蓬”應改釋爲“蓬”。

簡 639C：唐美耿督庎沓座譔黄文訾山肥赦桃脩賈蘭鄧

---

〔1〕饒宗頤、李均明：《新莽簡輯證》，第 152 頁。

〔2〕此處採用統一隸定字形，《集釋》中原寫作“隊”。

〔3〕《集釋》原釋爲“通病”，圖版爲，當釋作“過倫”。張俊民：《〈馬圈灣漢簡集釋〉校釋之十二》，簡帛網，2020 年 4 月 1 日。

〔4〕《集釋》未隸定，圖版爲，當釋作“竈”。張俊民：《〈馬圈灣漢簡集釋〉校釋之十二》，簡帛網，2020 年 6 月 1 日。

“蘭”字，據《敦煌漢簡釋文》，應改釋爲“闌”。[1]“蘭”和“闌”相通，均表示没有憑證而擅自出入邊關。[2]根據字形嚴格隸定，簡639C“蘭”應改釋爲“闌”。

第四則：訂誤“觴”爲“傷”

簡163：迫不得奉觴逾想而已新歲更慶願爲厶羽觴永享禮

按：“觴”，圖版作▇，此字前皆釋作“鍚”[3]，《集釋》釋爲“觴”。但此字與同一枚簡牘中的“觴”字的字形差距較大，第二個“觴”字的圖版爲▇，字迹清晰且筆畫完整。第一個“觴”字當改釋爲“傷”，依據如下：

從字形上看，“觴”和“傷”的右下部皆爲“𢆉”，該部件的筆畫依次由横、撇、横折鉤、撇、撇構成。由於書寫潦草等原因，第一個撇畫移至横折鉤這一筆畫下，與剩下的兩個撇畫平行。如▇（《集釋》163）、▇（《集釋》420）、▇（《集釋》220）。故第一個“觴”字左邊并非是“⺈”。看似是提畫，實際上是右邊部件的撇畫與左邊的偏旁相接，左邊實際上爲“亻”。音韻方面，“傷”和“觴”皆是从煬省聲[4]，二者聲類、韻類相同，均爲并母陽部。在理論上有通假的可能，此處用法或爲“傷”假借作“觴”。“奉觴”即捧著酒杯，如“奉觴加璧以進”[5]。

簡163應釋讀爲“迫不得奉傷（觴），逾想而已。新歲更慶，願爲厶羽觴永享禮”。

第五則：訂誤“監”爲“臨”

簡1125：監臨泉二千五百 積稚卿

按：本簡爲轉輸衣物、糧穀封檢，簡牘字迹清晰，簡面上部有封泥槽。“監”，圖版作▇，當釋爲“臨”。簡332“臨要卒”中“臨”字原簡寫作▇，可資佐證。《漢簡文字類編》中存在近似字形，其圖版爲▇。[6]它是根據《流沙墜簡》中“監”字摹寫而成，原簡寫作▇。[7]細審原簡與摹寫圖版，原簡中“皿”上方并無“口”

[1] 吴礽驤、李永良、馬建華：《敦煌漢簡釋文》，第65頁。
[2] 沈剛：《居延漢簡語詞彙釋》，科學出版社，2008年，第70頁。
[3] 白軍鵬：《敦煌漢簡校釋》，上海古籍出版社，2018年，第203頁。
[4] ［漢］許慎撰、［宋］徐鉉等校定：《説文解字》，中華書局，2013年，第89+164頁。
[5] 楊伯峻：《春秋左傳注》，中華書局，1981年，第794頁。
[6] 王夢鷗：《漢簡文字類編》，藝文印書館，1974年，第72頁。
[7] 羅振玉、王國維：《流沙墜簡》，中華書局，1993年，第54頁。

这一部件，而是一短横，故《漢簡文字類編》中近似字形爲摹寫失誤，從而將“監”字摹寫成“臨”字。

簡 332 的釋文爲“臨要卒趙立 六月食糒二斗 六月壬申隊長并付立”，其中“臨要”爲隧名。張俊民在書中介紹敦煌漢簡時提及漢代的臨要隧[1]，《集釋》中與其相關的辭例有簡 247A 的“臨要㒸長”和簡 290A 的“臨要㒸”等，故簡 332 中“臨”字的隸定是合理的。

“臨”字規範寫法爲（《集釋》354），草書爲（《集釋》834A）、（《集釋》1079）、（《集釋》838A）。簡 332 中“臨”字與“監”字的區别在於前者右側保留了“口”這一部件，後者在相應位置上爲一短横。簡 332 中“臨”字的右下角寫爲“皿”或許是受到“監”字的影響。因爲“臨”和“監”在漢簡草字中處於形體相混狀態，後世草書應該是草字逐漸優化規範過程中形成了各自區别。[2]值得注意的是以上兩字不僅在草書中存在混同現象，在稍稍端正的字體中也存在字形相混的情況，如《簡牘帛書字典》中漢帛書二字的字形圖版：、（監）[3]；、（臨）[4]。第一個“監”字與《集釋》中“臨”字相混，第二個“監”字與漢帛書中“臨”字相混。《集釋》的已釋字中“監”字除簡 1125 外共出現三次，分别是簡 288、簡 343、簡 1108A，字形十分穩定，均是“皿”部件上爲一短横。

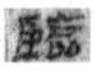

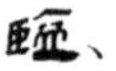

再從詞義上看，“臨”有“臨場見證”以及“監臨”之義[5]，《史記·張耳陳余列傳》：“且夫監臨天下諸將，不爲王不可，願將軍立爲楚王也。”[6]并且，漢字書寫時若前後兩字爲同一個字時，後一字常會簡寫，該枚簡牘第二個“臨”字圖版爲，即爲部分筆畫簡寫。故此枚簡牘應釋讀爲“臨臨泉二千五百，積稚卿”。

第六則：訂誤“□□”爲“舍中”

簡 581A：應告……

□□□□□□□□□□□□□□日□諸□□門下

〔1〕張俊民：《簡牘學論稿——聚沙篇》，甘肅教育出版社，2014 年，第 142 頁。

〔2〕李洪財：《漢簡草字整理與研究》，吉林大學博士學位論文，2014 年，第 126 頁。

〔3〕陳建貢、徐敏：《簡牘帛書字典》，上海書畫出版社，1991 年，第 576 頁。

〔4〕同上書，第 682 頁。

〔5〕沈剛：《居延漢簡語詞彙釋》，第 172 頁。

〔6〕［漢］司馬遷撰、［宋］裴駰集解、［唐］司馬貞索隱、［唐］張守節正義：《史記》卷八九《張耳陳餘列傳》，上海古籍出版社，2011 年，第 1967 頁。

按：本簡左、右側均有殘損，文義不明。未釋字圖版爲，當釋作“舍中”。簡牘雖有殘損，但其殘存筆畫較爲清晰。《集釋》161、577A 中的“舍中”原簡分别寫作、，可供參考。“舍中”的其他用例如簡 503B：“公包卿執事毋恙起居舍中得毋有它”，以及簡 577A：“伏叩舍中室入見謹起居甚善出”。

“舍中”作爲一個詞時，有如下義項：第一，家中或家中人，文獻典籍用例有《後漢書·祭遵傳》：“吾舍中兒犯法尚殺之，必不私諸卿也。”〔1〕第二，指舍中之人，《史記·張耳陳餘列傳》：“有廝養卒謝其舍中曰：‘吾爲公説燕，與趙王載歸。’”〔2〕“舍”“中”二字亦可分開組合，如“空舍中”指空舍之中，《後漢書·王忳傳》：“于空舍中見一書生疾困，愍而視之。”〔3〕又如“舍中軍”是指捨棄中軍。〔4〕簡 581A 的“舍中”前後文義不明，其具體含義暫存疑。該簡文應釋讀作“應告……□□□□□□□□□□□□舍中□日□諸□□門下”。

第七則：訂誤“斗”爲“升”

簡 285：入麥小石十三石五斗√居聑三年三月戊辰大煎都士吏牛黨候史尹欽受就人效穀益壽里鄧尊少不滿車兩未券

按：本簡完整，字迹清晰，屬于簿籍中的轉輸穀出入關簿。“斗”，圖版作，當改釋爲“升”。張麗萍、張顯成指出“升”和“斗”二字的區别在於：“横畫是否穿透第一個竪筆，穿透的是‘升’，没有穿透的是‘斗’”，如簡 837 中的隸定爲“升”，簡 835 中的隸定爲“斗”。簡 285 中“斗”字的横畫很明顯穿透了第一個竪筆，當改釋爲“升”。

張麗萍、張顯成指出：“一般情況下，計量單位從大到小一級級排列，根據辭例就可以區分‘斗’與‘升’……但是，有些時候幾個計量單位中間或後面少了一級計量單位，如簡 1046：出錢五百八十，直石八升畢。‘石’後只有一級計量單位，既可以爲‘斗’也可以爲‘升’。這種情況下，就不能根據辭例推斷，而只有靠字形來區别是‘斗’還是‘升’。”〔5〕簡 285 根據字形，應將其隸定爲“升”字。

〔1〕［清］王先謙：《後漢書集解》，中華書局，1984 年，第 272 頁。

〔2〕［漢］司馬遷撰、［宋］裴駰集解、［唐］司馬貞索隱、［唐］張守節正義：《史記》卷八九《張耳陳餘列傳》，第 1970 頁。

〔3〕［清］王先謙：《後漢書集解》，第 936 頁。

〔4〕楊伯峻：《春秋左傳注》，第 1293 頁。

〔5〕張麗萍、張顯成：《〈敦煌馬圈灣漢簡集釋〉釋讀訂誤》，《簡帛》總第十四輯，第 175—184+279 頁。

漢簡中有大石和小石兩種量制，小石一石合大石六斗。“士吏”是候官屬官，秩級與候長相當。“候史”是候長的屬官，秩次與隧長相當。“就人”即僦人，趕車人。“效穀”爲漢敦煌屬縣之一，顔師古注：“以勤效得穀，因立爲縣名。”〔1〕“益壽里”是效穀縣所轄里。“少不滿車兩”是指此車只載十三石五升，而一車的定額爲三十七石五斗。“未券”中“券”當爲“桊”，“未券”即没有裝袋。該簡牘應釋讀爲“入麥小石十三石五升。√居聑三年三月戊辰，大煎都士吏牛黨、候史尹欽，受就人效穀益壽里鄧尊，少不滿車兩，未券”。〔2〕

第八則：訂誤“女”爲“子”

簡494：府卒男宗妻女口四

按：本簡完整，字迹較爲清晰，爲戍卒妻子人口簿。“女”，原簡作，據《敦煌漢簡釋文》應改釋爲“子”〔3〕。以下爲“子”和“女”的字形比較：

“子”字：（《集釋》317）、（《集釋》380）、（《集釋》425）。

“女”字：（《集釋》677A）、（《集釋》833）、（《集釋》962）。

細審原簡并比照以上圖版，簡494中“女”字實際上爲“子”字。辭例方面，《集釋》中存在大量“妻子”的用例，而“妻”和“女”的組合通常爲“妻大女”，且《集釋》中除簡494外，未出現“妻女”這一組合。具體用例如下：

“妻子”用例：

簡173：四卿妻子家室竟爲如何馬誰使隨養視之聞取從者邪

簡527：□奴□〔4〕妻子持牛車一兩 九月乙巳出東門

簡545：高望部元始元年十月吏妻子從者奴私馬稟致

“妻大女”用例：

簡350：賀妻大女君經 六月食麥一石八斗八升半升

簡677A：妻大女

〔1〕［漢］班固：《漢書》，中華書局，1999年，第1293頁。

〔2〕“白校釋”爲“人，麥小石十三石五斗。（第一欄）√居聑三年三月戊辰，大煎都士吏牛黨、候史尹欽，受就人效穀益壽里鄧尊，少不滿車，兩未券。（第二欄）”。

〔3〕吴礽驤、李永良、馬建華：《敦煌漢簡釋文》，第50頁。

〔4〕“候晏”，圖版爲，當釋作“□奴□”。張俊民：《〈馬圈灣漢簡集釋〉校釋之十》，簡帛網，2020年2月14日。

簡 833：隧長張奇妻大女真孜　粟[1]一石七斗一半

"府卒"與門卒同義，意爲府門卒，《漢書・趙廣漢傳》："廣漢使所親信長安人爲丞相府門卒。"[2]"宗"爲人名，身份加姓名這一組合常見於《集釋》所收漢簡，如：

簡 222：助茂秉刃傷大君頭一所男庶人吉助茂縛秉元夫與吉共摎殺秉增[3]使從兄摎殺秉子小男毋垂斫殺秉妻

簡 321：賀從者大男宋望　六月食麥二石六斗一升

簡 322：私屬大男吉、元年　八月食粟二斛少七斗　卩　十二月已亥自取

簡 222"男庶人吉"中"吉"爲人名，簡 321 和簡 322 中"宋望""吉"皆爲人名。簡 494 應釋讀爲"府卒男宗妻子口四"。

第九則：訂誤"□皆"爲"子□"

簡 91：候鄯願降歸德臣厶竊見大都護崇檄與敦德尹亡已得乘姑墨城毋□皆數西

按："□皆"圖版作，當釋爲"子□"。簡 91 後五字"毋□皆數西"原作"孤處西"[4]，但細審圖版，發現未釋字右側爲一長横，故釋爲"孤"字不妥，該字應釋讀作"子"。"子"字的字形如（《集釋》317）、（《集釋》425）、（《集釋》380），均可印證。"皆"字筆畫不完整，暫存疑。

簡 91 的原始編號爲 T5∶52。馬圈灣 T5∶1 至馬圈灣 T5∶121 這 120 枚簡皆爲草書，字迹風格相同。簡文中涉及發文者名時多以"厶"替代，知其爲奏書的留存底稿。這數則奏書底稿主題圍繞同一中心，即新莽中期在西域進行的一場戰爭。此役爲新莽與匈奴爲争奪勢力範圍而進行的戰争，其進程約歷經三個階段：首先是新莽軍長驅直入，兵臨焉耆城下。第二階段是相持，雙方互有勝敗。簡 91 便是大使五威將王駿被殺後，西域都護李崇率軍退保尉犁、姑墨、龜兹。第三階段是新莽軍及車師諸國貴族撤退至敦煌。[5]

---

〔1〕"衆"，圖版爲，當釋作"粟"。張俊民：《〈馬圈灣漢簡集釋〉校釋之一》，簡帛網，2019 年 9 月 16 日。

〔2〕［清］王先謙：《漢書補注》，書目文獻出版社，1995 年，第 1387 頁。

〔3〕"□"，圖版爲，當釋作"增"。張俊民：《〈馬圈灣漢簡集釋〉校釋之一》，簡帛網，2019 年 11 月 1 日。

〔4〕吴礽驤、李永良、馬建華：《敦煌漢簡釋文》，第 9 頁。

〔5〕李均明：《秦漢簡牘文書分類輯解》，文物出版社，2009 年，第 36—43 頁。

“鄣”或作“障”，是塞上的小城。障是都尉下轄的候的治所，故障又稱“候城”。“張掖郡所屬居延肩水兩都尉下，轄十個‘候’，即有十個候障”。[1]“歸德”即歸順，《後漢書・袁安傳》：“伏念南單于屯，先父舉眾歸德，自蒙恩以來，四十餘年。”[2]“大都護崇”指西域都護李崇，“敦德尹”即敦煌太守。“檄”在漢代是某種包括軍事文書在内的、具有强大效力的官方文書的通稱[3]，此處用“檄”符合戰爭背景。與其相關的辭例，如《後漢書・耿弇列傳第九》：“弇還檄與況，陳上功德，自嫌年少，恐不見信，宜自來。況得檄立發，至昌平見上。”[4]“姑墨”是漢代西域國名，《漢書・西域傳下・姑墨國》：“姑墨國，王治南城，去長安八千一百五十里。”[5]該簡文應釋讀作“候鄣，願降歸德。臣厶竊見大都護崇檄與敦德尹，亡已得乘姑墨城，毋子□數西”。

Nine Notes on the Amendments of *Dunhuang Maquanwan Hanjian Jishi*

Yan Ying

Abstract: This article is mainly based on the published infrared diagram version and interpretation articles of *Dunhuang Maquanwan Hanjian Jishi*, combined with the existed research results and the unearthed literature and handed down literature from ancient tunes, we put forward new views on the interpretation of some articles. We proofread 14 texts and corrected the annotations of 16 mistakes. Among them, the annotations of “Qian (前)”, “Liu (六)”, “Shang (觴)”, “Jian (監)”, “Dou (斗)”, “Nv (女)” and so on were successively interpreted as “Jian (煎)”, “Jiu (九)”, “Shang (傷)”, “Lin (臨)”, “Sheng (升)”, “Zi (子)” and so on. Some of the unreleased characters were interpreted as “SheZhong (舍中)”, “Zi □ (子□)” and so on. And change the release of three groups of variant character, they were “Sui (隧)”, “Sui (㸂)”, “Sui (隊)”, and “Peng (蓬)”, “Peng (逢)”, “Peng (熢)”, and “Lan (蘭)”, “Lan (蘭)” and so on.

Keywords: *Dunhuang Maquanwan Hanjian*; annotation; correction

（閆穎　湖南科技大學人文學院、湖南省語言資源研究基地）

〔1〕黄金貴、黄鴻初：《古代文化常識》，商務印書館國際有限公司，2017年，第403—404頁。
〔2〕［清］王先謙：《後漢書集解》，第533頁。
〔3〕鄢虹：《檄：從公文通稱到文體專名》，《文史知识》2019年第3期，第120—127頁。
〔4〕［清］王先謙：《後漢書集解》，第259頁。
〔5〕［清］王先謙：《漢書補注》，第1637頁。

冷門不冷，絶學不絶，後繼有人

——第二屆簡牘學與出土文獻語言文字研究學術研討會紀要

洪　帥

2023年8月5日—6日，第二屆簡牘學與出土文獻語言文字研究學術研討會在甘肅蘭州西北師範大學召開。會議由中國社會科學院語言研究所歷史語言學研究一室、西北師範大學文學院、中國人民大學吳玉章中國語言文字研究所、甘肅簡牘博物館和西北師範大學簡牘研究院聯合主辦，西北師範大學文學院簡牘研究中心承辦。本屆會議的開幕式、閉幕式及大會報告在“語言學”公眾號的視頻號上同步直播，累計觀看2800餘人。

來自中國社會科學院語言研究所、北京大學、清華大學、復旦大學、中山大學、中國人民大學、南開大學、吉林大學、山東大學、蘭州大學、西南大學、河南大學、安徽大學、中國海洋大學、北京語言大學、西南民族大學、東北師範大學、湖南師範大學、西北師範大學及陝西省考古研究院、甘肅省文物考古研究所、甘肅簡牘博物館、長沙簡牘博物館、荊州博物館等高校與科研機構的66位代表圍繞甲骨金文、簡牘帛書、璽印寫本等出土文獻的語言文字問題進行了深入的探討和交流。其中簡牘學和敦煌學研究的論文占比八成左右，充分體現了甘肅作爲出土文獻大省的地方特色。

開幕式由西北師範大學文學院院長馬世年教授主持。西北師範大學校長王占仁教授、中國社會科學院語言研究所所長張伯江研究員、商務印書館副總編輯余桂林編審、中國人民大學吳玉章中國語言文字研究所所長王貴元教授、甘肅省先秦文學與文化研究中心主任趙逵夫教授先後致辭。西北師範大學校長王占仁教授在致辭中説，2021年西北師範大學“簡牘學”成功入選甘肅省“國家一流學科突破工程”，作爲絲綢之路沿線出土文獻、中華文化的歷史記憶和當之無愧的“冷門絶學”，甘肅簡牘研究和簡牘學學科發展迎來了最好的歷史機遇。期望簡牘學學科建設實現新的突破，使簡牘學這個冷門絶學“冷門”不冷、“絶學”有繼。

中國社會科學院語言研究所所長張伯江研究員指出，本届會議是在“文化傳承發展座談會”剛剛召開兩個月後舉辦的，意義重大。習近平總書記在“文化傳承發展座談會”上，用“連續性、創新性、統一性、包容性、和平性”高度概括了中華優秀傳統文化的突出特性。這不僅是對中華民族文化傳統的宏觀概括，也將成爲我們從事語言文字研究時準確把握形態特質的關鍵理念。開展出土文獻語言文字研究，要置於落實習近平總書記重要講話精神這一背景之下，用習近平總書記的最新論斷來加深對中國語言文字的認識，進一步挖掘新出土文獻的語言内涵，加强對中華文明密碼的闡釋與解讀。他還指出，西北師範大學的文史研究有深厚的底藴，文學院簡牘研究中心成立以來成績斐然，《簡牘學與出土文獻研究》集刊創刊不久就在學界獲得了良好的聲譽，引起學界的廣泛關注，祝刊物越辦越好。

商務印書館副總編輯余桂林編審强調出土文獻對歷史研究、中華文明探源、中華民族現代文明建設都起着十分重要的作用，商務印書館高度重視簡牘學與出土文獻的相關研究，他表示十分期待《簡牘學與出土文獻研究》集刊將來能成爲簡牘學學科重要成果發表的主要陣地之一，成爲學科青年學者的成長地，成爲西北師範大學學科建設的亮麗名片。

中國人民大學吳玉章中國語言文字研究所所長王貴元教授指出學術研究有兩個核心點：一是方法，方法十分重要，但又很有限。二是材料，材料才是重中之重，它不但能促發新學問的産生，而且能發展舊的學問。他還强調簡牘文獻是重要的新材料，倡議爲簡牘文獻建立數據庫，爲出土文獻語言文字的研究奠定堅實基礎。

西北師範大學文學院趙逵夫教授强調，上古的歷史、文學、思想、文化等的研究，如果没有出土材料支撑是無法開展的，也是不可信的。他同時表示甘肅省是簡牘大省，西北師範大學是重要的語言文獻研究陣地，爲了更好地促進西北師範大學簡牘學建設，文學院設立了簡牘研究中心，期望簡牘研究中心能挑起重任，做好、做精簡牘學研究，大膽創新，擔負起新時代的文化使命。

西北師範大學文學院院長馬世年教授指出，西北師範大學的簡牘學與出土文獻研究有悠久的歷史，趙逵夫先生在40年前就關注簡牘等出土文獻的研究，他的《銀雀山漢墓竹簡孫臏兵法十五篇校補》《唐勒論義御校補》以及關於馬王堆帛書的整理考校，在學界有很大的影響。他的第二個國家社科基金重大項目“出土文獻與上古文學關係研究”更是對出土先秦文學文獻的全面整理。

開幕式上還舉行了西北師範大學特聘教授聘任儀式，王占仁校長向劉釗教授頒發聘書，聘請復旦大學劉釗教授爲西北師範大學特聘教授。劉釗教授對西北師範大學的盛情邀請和聘任表示感謝，他指出西北師範大學在出土文獻和簡牘方面的研究具有深厚底藴和悠久傳統，他將繼續發揚這份傳統，在簡牘研究上有所突破，不負西北師範大學的期望。

之後，舉行了《簡牘學與出土文獻研究》首發儀式，儀式由西北師範大學文學院教授、簡牘研究中心主任洪帥主持。西北師範大學校長王占仁、商務印書館副總編輯余桂林、中國社會科學院語言研究所所長、中國語言學會會長張伯江和《簡牘學與出土文獻研究》主編劉釗共同爲《簡牘學與出土文獻研究》第一輯、第二輯揭幕。隨後，四位嘉賓與王貴元、趙逵夫、蔣冀騁、馬世年向中國社會科學院語言研究所、北京大學、清華大學、中國人民大學、西南民族大學、中山大學、蘭州大學、甘肅簡牘博物館贈送了《簡牘學與出土文獻研究》第一輯和第二輯，王志平、董珊、胡霖、龍國富、王啟濤、范常喜、敏春芳和肖從禮分别代表受贈單位接受贈書。《簡牘學與出土文獻研究》爲西北師範大學文學院簡牘研究中心主辦、商務印書館出版的半年刊，由西北師範大學特聘教授劉釗、李守奎任主編，西北師範大學文學院洪帥教授任執行主編。

復旦大學劉釗教授、湖南師範大學蔣冀騁教授、中國人民大學王貴元教授、陝西省考古研究院王輝研究員、北京大學董珊教授、中國社會科學院語言研究所王志平研究員、中山大學范常喜教授、甘肅省文物考古研究所張俊民研究員、北京語言大學魏德勝教授、中國人民大學龍國富教授、西南民族大學王啟濤教授、河南大學張生漢教授、蘭州大學敏春芳教授、甘肅簡牘博物館肖從禮研究員、西北師範大學楊同軍教授就西北漢簡、清華簡、敦煌寫本等出土文獻的文字考釋、詞匯演變、字詞關係等問題分别作了《關於“譽”字形體演變的分析》《〈説文解字〉注音釋義録要》《漢字派生的研究理念和研究方法》《一粟居讀簡記（十五）》《武威醫簡中的“大咸”與“天一”“大歲”“大將軍”三兄弟》《清華簡〈厚父〉“啀帝之子”考辨》《〈懸泉漢簡〉所記傳舍廁具“清倨”考》《居延新簡釋文校讀劄記》《斯坦因二探所獲漢簡數量》《出土文獻授受動詞字詞關係研究》《西域簡牘概論》《淺議漢簡“刃生”之“生（鉎）”》《敦煌寫本〈佛本行集經〉俗字研究》《地灣漢簡“對祠具”簡小考——兼論河西漢塞祭祀活動》《清華簡〈五紀〉“攸鬲”解讀》的大會報告。

本届會議還設立了青年論壇，來自清華大學、中國人民大學、北京師範大學、吉林大學、浙江大學、山東大學、華東師範大學、湖南大學、新疆大學、青海師範大學、西北師範大學的21位博士生匯報了自己的簡牘學研究成果，并就相關問題做了熱烈的討論，有力地促進了簡牘學與出土文獻專業博士生的科研能力和創新能力提升。

閉幕式由西北師範大學文學院洪帥教授主持。上海中醫藥大學袁開惠副教授、山東師範大學李建平教授、中國海洋大學張新俊副教授分别對第一小組、第二小組和第三小組作小組總結。中國人民大學博士生王鑫和清華大學博士生趙相榮分别對青年論壇第一組和第二組作總結。

湖南師範大學文學院蔣冀騁教授對大會作總結發言，蔣先生指出本届會議是一次高質量的學術會議，表現在兩點：一是組織緊凑，除大會報告、小組彙報外，還設立了青年論壇，這有利於培養青年，爲簡牘學和出土文獻研究儲備人才；二是論文質量好，本届會議體現了實事求是的治學態度和獨立自主的研究方法。他又借用習近平總書記對毛澤東思想的概括“實事求是、群眾路線、獨立自主”對本次會議做了總結。首先，本届會議體現了樸學傳統，用事實説話，這是實事求是。其次，本届會議老中青學者積極參加，體現了廣泛參與的群眾路線。第三是獨立自主，簡牘學與出土文獻研究的方法要獨立自主，這就是形音義相結合的方法。當然，他也指出了本次會議的不足，就是在文章點評過程中批評不够。他指出，有批評才能進步，我們的學術之所以進步太慢就是因爲批評太少，要提倡嚴肅的學術批評。最後，他還講了三點感想：第一，我們趕上了好時代，現在黨中央、國務院對傳統文化非常重視，拿出大批資金資助簡牘學等冷門絶學的發展。第二，他讚賞西北師範大學的校領導很有戰略眼光，把“簡牘學”作爲一個重點學科來大力發展、加强建設。第三，簡牘學大有可爲，研究簡牘學前途遠大。

在自由發言環節，中國人民大學龍國富教授首先感謝西北師範大學洪帥教授團隊的精心組織，使這次會議圓滿召開。其次表達了對西北師範大學文學院簡牘研究中心的期待，他期待并相信簡牘研究中心會越來越好。他提出三個理由，首先，得天時，當前國家對簡牘學、對冷門絶學和傳統文化的發展大力支持，這是國家戰略。其次，占地利，甘肅省和西北師範大學是簡牘研究的重鎮，無論是研究材料還是研究成果在全國都很突出。第三，有人和，西北師範大學聘請了復旦大學劉釗教授和清華大學李守奎教授爲特聘教授，相信在兩位先生的帶領下，簡牘研究中心一定會越來越好。

西南民族大學王啟濤教授發言，他説本次會議體現了“老中青”相結合的特點，不僅把王輝、張生漢、蔣冀騁、劉釗、王貴元、魏德勝等老一輩學者請來，而且設置了青年論壇，給青年學者搭建了一個學術交流平台，促進他們成長，這是一個突破和創新。他還用比喻的説法，要求簡牘學與出土文獻研究要像“公檢法”一樣相結合，考古學是公安，把簡牘等一批重要文獻科學地挖掘出來，語言文字學家是檢察官，要能够找出其中的問題，把出土文獻準確地釋讀出來，歷史學家是法官，對其中的釋文進行檢驗，并利用這些材料做宏觀的研究。他强調簡牘學與出土文獻研究要學科融合、學科交叉，這樣才能把問題説明、説準、説透。

中國社會科學院語言研究所王志平研究員致閉幕詞，他説本届會議可謂群賢畢至，少長咸集。前輩學者老當益壯，後起之秀脱穎而出。尤其是西北師範大學特聘教授聘任儀式及《簡牘學與出土文獻研究》首發儀式穿插進行，更顯隆重。他對本次會議作了高度讚揚，認爲本次會議展示了簡牘學與出土文獻研究的熱點問題，充分體現出土文獻與語言文字研究相結合的特點。這也是這次盛會不同於其他以歷史、考古等爲主旨的出土文獻研究會議的特色所在。特别是青年論壇的設立，讓我們看到了出土文獻研究光明的前途和未來，真正做到了冷門絶學有人做，有傳承，冷門不冷、絶學不絶、後繼有人。他感謝主辦方的辛勤付出，稱讚西北師範大學的上上下下，從學校領導王占仁校長到文學院各級部門，認真籌備，精心組織，使得簡牘學與出土文獻語言文字研究學術研討會成爲西北師範大學的一個特色品牌。

本届研討會的成功舉辦，既爲簡牘學與出土文獻語言文字研究的專家學者提供了跨學科交流的平臺，也爲簡牘學的研究注入了新的活力，對西北師範大學“簡牘學”一流學科建設及語言文字學學科的發展都具有切實的推動作用。本届會議的論文經過遴選後，將在《簡牘學與出土文獻研究》第 3、4 輯上發表，由商務印書館出版。

（洪帥　西北師範大學文學院）

《簡牘學與出土文獻研究》稿例

全篇正文段落設置：首行縮進 2 字符，1.5 倍行距。

以下爲具體要求：

標題宋體三號字加粗居中

——副標題楷體四號字居中

姓名宋體小四號字居中

提　要：“提要”二字中間空 1 字符，宋體小五號字加粗；内容宋體小五號字不加粗

關鍵詞：“關鍵詞”三字，宋體小五號字加粗；内容宋體小五號字不加粗，每個關鍵詞之間空 1 字符

一、××× 一級標題居中楷體四號字

（一）××× 二級標題黑體小四號字

正文宋體五號字

1. ××× 三級標題宋體五號字加粗

正文宋體五號字。文獻用例要求如下：

（1）例句仿宋五號字

再例如：

（2）例句排列採用（1）（2）（3）……的形式，全文連續編號

引文出處[1]與注釋文字[2]（即對正文的附加解釋或補充説明），一律使用脚注形式。每頁重新編號，從〔1〕開始，脚注編號要用〔1〕〔2〕〔3〕……。注釋格式參考

---

〔1〕［漢］司馬遷撰、［宋］裴駰集解、［唐］司馬貞索隱、［唐］張守節正義：《史記》卷一《五帝本紀》，中華書局，2013 年，第 2 頁。

〔2〕脚注首行縮進 2 字符，宋體小五號字。

以下格式：

［漢］司馬遷撰、［宋］裴駰集解、［唐］司馬貞索隱、［唐］張守節正義：《史記》卷一《五帝本紀》，中華書局，2013年，第2頁。

甘肅簡牘博物館等編：《懸泉漢簡（一）》，中西書局，2019年，第68頁。

裘錫圭：《文字学概要》（修訂本），商務印書館，2013年，第176頁。

劉釗：《出土簡帛的分類及其在歷史文獻學上的意義》，《厦門大學學報（哲學社會科學版）》，2003年第6期，第67—72頁。

單育辰：《楚地戰國簡帛與傳世文獻對讀之研究》，吉林大學博士學位論文，2010年，第195頁。

二、××× 標題與正文之間不空行

××

Title 小五號字加粗居中

——Subtitle 小五號字加粗居中

Author 小五號字居中

Abstract: ：Abstract 小五號字加粗，内容部分小五號字不加粗

Keywords: Keywords 小五號字加粗，内容部分小五號字不加粗

（英文字體爲 Times New Roman）

（姓名　單位）